DIE SCHÖNSTEN ROUTEN IN
Frankreich

Leben wie Gott in Frankreich: Wer träumt nicht davon, durch einsame Schluchten zu wandern, liebliche Flusstäler zu erforschen, am Meer in der Sonne zu liegen oder in traditionsreichen Städten und Dörfern von Kunst und Kultur in Hülle und Fülle umgeben zu sein? Und Frankreich ist der Inbegriff des Savoir-vivre, der Kunst, das Leben zu genießen – im Land der Gourmets werden alle Sinne verwöhnt.

Wie eine Festung in
den Hang gebaut:
Peille an der Côte
d´Azur.

Küste bei Saint-Malo.

DIE SCHÖNSTEN ROUTEN IN
Frankreich

Fotos: Martin Thomas, Ernst Wrba

Text: Hans Günther Meurer

BRUCKMANN

Inhaltsverzeichnis

Die Routen

Route 3 Zwischen Paris und Nantes
Eine kräftige Meeresbrise, Apfelbäume und Weißdornhecken, wellenzerfurchte Gestade, Menhire und Dolmen der Vorzeit – eine Fahrt Richtung Bretagne führt die Vielfalt des reizvollen Landes im Norden vor Augen.

Route 4 Zwischen Nantes und Orléans
Nirgendwo sonst drängen sich so viele schöne Schlösser auf engem Terrain: An der Loire, der Pulsader Frankreichs, und ihren Nebenflüssen werden Prunk und Pracht der Feudalzeit noch einmal lebendig.

Route 6 Rundfahrt durchs Périgord
Frankreichs Schlemmerparadies hat nicht nur jede Menge Gaumenfreuden zu bieten, sondern besticht auch durch romantische Flusstäler, geheimnisvolle Höhlen, endlose Laubwälder und nicht zuletzt durch erstaunliche Schätze aus der Frühzeit der Menschheitsgeschichte.

Route 7 Um Perpignan und Bordeaux
Im Südwesten Frankreichs verwischen die Grenzen: Die ganz besondere südliche Lebensart verbindet die Regionen diesseits und jenseits der Pyrenäen. Und im Bordelais warten Superlative – die besten Weine, die schönsten Strände und die größte Düne Frankreichs.

Route **2** Ile de France

Riesige Wälder, in denen sich Königs-
schlösser verbergen, die gotischen Wun-
derwerke der Kathedralen, deren Türme
als weithin sichtbares Zeichen des Glau-
bens in den Himmel ragen und natürlich
die Metropole Paris – im Kernland Frankreichs wurde (Kunst-)Geschichte geschrieben.

Route **1** Vom Rhein an die Seine

Elsass und Lothringen – gemütliches
Weinland und einstiges Industrierevier
an der belgischen Grenze, dazwischen
die Champagne mit ihrem perlenden
Luxusgetränk.Und an vielen Orten ist
sichtbar, wie eng die französische Geschichte mit der deutschen verknüpft ist.

Route **5** Burgund und Massif Central

Romanische Kirchen, liebliche Dörfer,
sanft gewellte Weinberge: Burgund ist ein
Land für stille Genießer, die Kunst und
große Weine zu schätzen wissen. Das
Zentralmassiv mit seinen abgelegenen
Gebirgstälern und Hochplateaus hält
noch manches Geheimnis bereit.

Route **8** Von Nizza nach Perpignan

Côte d'Azur und Provence, Languedoc
und Roussillon – an den Küsten domi-
niert mondänes bis buntes Strandleben,
in den Städten und im Hinterland zeigt
sich, welche Drehscheibe der Völker der
Süden immer schon war.

Im stimmungsvollen alten Hafen des Fischerstädtchens Honfleur pulsiert das Leben.

Frankreich – la Grande Nation

In manchen Tälern des Massif Central scheint die Zeit stehen geblieben zu sein. Die Landschaft des Cantal prägen Vulkane und hoch gelegene Weideflächen. Aus grauem Basalt werden die Steinhäuser erbaut. rechts
Eine Stärkung mit Croissants und Tartes ist den Viehhändlern in der Auvergne nach einem guten Geschäft immer willkommen. oben

Das Zauberwort heißt Vielfalt: Die Landschaften Frankreichs sind immer wieder neu, so ausgeprägt wie der Esprit seiner Bürger. Ständig wechselt das Land sein Gesicht, jede Region ist stolz auf ihre kulturellen Errungenschaften, und überhaupt machen die positive Lebensart, auch die Kunst des Essens, Frankreich einzigartig im westlichen Europa. So faszinierend, dass die Franzosen selbst sich kein schöneres Urlaubsland vorstellen können – in den Ferienmonaten Juli und August bevölkern sie mit stetigem Enthusiasmus die eigenen Strände zwischen Mittelmeer und Atlantik, wandern auf einsamen Wegen durch die Auvergne, lieben das beschwingte Leben im Burgund, genießen das aromatische Prickeln der Provence. Warum in die Ferne schweifen? Schließlich liegt das Gute vor der Haustür. Das sagen sich auch jedes Jahr mehr als 13 Millionen Deutsche, die auf Entdeckungsreise beim westlichen Nachbarn gehen. Liegt es also an den landschaftlichen Reizen? Oder diesem lässigen Lebensstil? Oder dem unaufdringlichen Savoir-vivre? Keine Frage, es ist von allem

etwas. Und das ist gut so. Denn Deutsche und Franzosen, das ist auch die unendliche Geschichte zwischen blindem Hass und tief sitzendem Misstrauen. Hier das Streben nach Perfektionismus, dort die Suche nach der charmanten Leichtigkeit des Seins: Es ist genau dieser Gegensatz in Geist und Kultur, der Unterschied von Denk- und Lebensweisen, der unsere Völker über Jahrhunderte voneinander trennte, zu Verbitterung und Kriegen führte, aber uns auch insgeheim doch faszinierte. Anziehende Gegensätze.

Über den Rhein. Auf der Suche nach dem Esprit waren die Franzosen schon immer besser als die Nachbarn im Osten, denen aus französischer Sicht ein gewisser Hang zur Bodenständigkeit anhaftet. Wer zum ersten Mal den Rhein bei Kehl überquert oder zwischen Trier und Metz über die unscheinbare Grenze fährt, merkt erst auf den zweiten Blick, dass er Deutschland hinter sich gelassen und Frankreich vor sich hat. Ganz oben im Nordosten des Landes gibt sich Frankreich mitteleuropäisch, sind die Städte und Dörfer noch wenig typisch französisch. Egal, welche Richtung man nun einschlägt, ob ans Mittelmeer oder an den Atlantik, ob man in der Provence entspannen, im Zentralmassiv wandern oder die Hinkelsteine der Bretagne besuchen möchte – schon die Fahrt zum Urlaubsziel kann zu einem Erlebnis werden, denn das Land wechselt ständig sein Äußeres. Genauso vielfältig sind die Menschen. Normannen, Bretonen, Basken, Katalanen, Elsässer und die Leute in der Provence – von den eigenwilligen Korsen ganz zu schweigen –, bunter und unterschiedlicher könnte eine Völkergemeinschaft kaum sein. Nicht zu vergessen die Pariser. Den Menschen der Metropole, in der im zentralistisch geführten Frankreich alle Fäden zusammenlaufen, eilt ein besonderer Ruf voraus: von eitel bis arrogant, irgendwo zwischen eingebildet und hypermodern. Man tut gut daran, nicht auf den Autoroutes, den Autobahnen, Gebühren zahlend durch das Land zu rasen, sondern mit Lust, Muße und Zeit auf den kleineren Straßen die Landschaften kennen zu lernen. Das Zauberwort heißt nun einmal Vielfalt, und es zieht mit Sicherheit jeden in seinen Bann. Tasten wir uns also vor in Frankreichs Regionen.

Geschmackvolles Elsass. Weinfreunde und Feinschmecker von der anderen Seite des Rheins bevölkern vor allem im Herbst das Elsass, und es passiert nicht selten, dass es sich auf den kurvigen Straßen in den sanften Hügeln staut, dass sich Busse durch die engen Gassen der lieblichen Dörfer quetschen, dass die berühmte »Route des Vins d'Alsace«, die Weinstraße zwischen Marlenheim und Thann, eigentlich wegen Überfüllung geschlossen werden müsste. Normalerweise lässt es sich jedoch im Elsass prächtig abschalten, bei einem ausgedehnten Spaziergang durch die Weinberge und einem Glas Riesling oder Weißburgunder.

Weinland Burgund. Allein der Name Burgund sorgt bei Weinfreunden schon für helle Aufregung, und Architekturfans schlägt das Herz höher ob der vielen romanischen Bauwerke. Dijon ist das Tor zu einem makellosen Landstrich, wo eiserne Gitter vor Weinbergen davon künden, dass hier ein ganz besonderer Tropfen wächst, der seinen Erzeugern zum Ruhm und zur Ehre gereicht.
Um derlei Anerkennung – allerdings mehr in himmlischen Gefilden – ging es auch schon im 11. Jahrhundert, als Abt Hugo die

Schon 1910 hatten Pariser Taxifahrerinnen das Steuer fest im Griff. oben
Ein ganz wichtiges Transportgut: Ohne Baguettes geht in Frankreich gar nichts. Mitte
So geruhsam wie in den 50er Jahren geht es in Frankreich heute nicht mehr zu. unten
Wechselvolle Zeiten: das mondäne Monte Carlo um die Jahrhundertwende. links

Napoleons Erben

Sie hat etwas Pathetisches und Würdevolles, sie ist das Patriotische schlechthin. »Wohlan, Ihr Kinder des Vaterlandes, der Tag des Ruhms ist angebrochen!« So beginnt die französische Nationalhymne von Rouget de Lisle, und wie keine zweite vereinigen Text und Musik der Marseillaise die Sehnsucht der Menschen nach Freiheit, Gleichheit, Brüderlichkeit. Unter diesem Banner stürmte am 14. Juli 1789 eine Allianz aus unzufriedenen Bürgern die Bastille, das Staatsgefängnis in Paris. Es ist der Beginn einer blutigen Revolution: König Louis XVI. wird geköpft, die Privilegien des Adels werden drastisch eingeschränkt. Durch einen Staatsstreich kommt 1799 Napoleon Bonaparte an die Macht. Er kann das zerstrittene Frankreich einen und krönt sich im Dezember 1804 selbst zum Kaiser.

Eine kriegerische Zeit beginnt, Napoleons Vision von Frankreich als der »Grande Nation« soll Realität werden: Er will die Herrschaft über ganz Europa, doch der Feldzug gegen Russland scheitert, und die Völkerschlacht 1813 bei Leipzig besiegelt das Schicksal Napoleons. 1815 unternimmt er einen weiteren Versuch, wieder an die Macht zu gelangen, doch die Preußen und Briten schlagen ihn bei Waterloo; Napoleon wird nach St. Helena verbannt, wo er 1821 stirbt.

Seit Napoleons Tagen geistert der Begriff der »Grande Nation« durch die Republik. Für viele ist dieser Begriff so etwas wie ein Denkmal, dessen Sockel bröckelt, weil offene Wünsche und Alltagssorgen näher liegen als patriotische Gefühle. Zwar steht nach wie vor der militärische Alleingang innerhalb der NATO, weil man sich im Jahr 1966 vom gemeinsamen Oberbefehl lossagte, und immer noch geht die schlagkräftige Atommacht Frankreich einen Sonderweg, aber die Einbindung in die Strategie der NATO und die gemeinsamen Interessen innerhalb der Europäischen Union machen jeden napoleonischen Gedanken an eine »Grande Nation« schon im Ansatz zunichte. Aber das hindert die »Kinder des Vaterlandes« nicht daran, lauthals mitzusingen, wenn ihre Marseillaise ertönt.

Napoleon Bonaparte erstarrt keineswegs zum kalten Denkmal oben, sein Ruhm strahlt bis heute, nicht nur am Arc de Triomphe rechts. Kaum war der Erste Weltkrieg überstanden, kam die Okkupation. Starke Präsidenten wie De Gaulle Mitte und Mitterrand unten formten die Nachkriegsrepublik.

bis dahin größte Abteikirche des Abendlandes bauen ließ. Heute ist nur noch ein Querschiff erhalten, und trotzdem gehört Cluny neben den vielen steinernen Zeugen aus der schaffensreichen Periode der französischen Romanik im Burgund und der Ile de France rund um Paris noch immer zu den herausragenden Wahrzeichen des Mittelalters. Lyon teilt den Weg in den Süden. Jenseits der Stadt, die man nach einem Menü bei einem der vielen Sterne-Köche in bester Erinnerung behalten wird, beginnt der Süden.

Im Licht der Provence. Palmen und Zypressen, Orangenbäume und Zitronensträucher sind zweifelsfreie Indizien dafür, dass der Midi nicht mehr weit sein kann. Auch die Sonne schmeichelt nun den Schultern, wie sie es nur im Süden tut, und das Licht wird heller, klarer. Geschützt durch die Alpen und vom Süden her ständig mit warmen Brisen versorgt, lässt sich die Provence mit einem riesigen Gewächshaus vergleichen. Oliven, die als die besten in ganz Frankreich gelten; Mandelbäume mit einer paradiesischen Blütenpracht; Feigen – allerhand Südfrüchte eben. Und nicht zuletzt der Lavendel wie all die anderen Blumen und Blüten, deren Essenzen, von Dior & Co zu Parfüm verarbeitet, in die Nase und zu Kopf steigen. Und dann

die Côte d'Azur. Für die einen das Synonym für ausschweifenden Lebenswandel ohne Wenn und Aber, für die anderen einfach nur die schönste Küste des Landes. Beides führte freilich dazu, dass die Preise ausufern und den Urlaub in Cannes, Nizza und Saint-Tropez etwas teurer machen als anderswo. Zum Beispiel auf der anderen Seite des Rhône-Deltas, in der Camargue, die kaum etwas mit der mondänen Côte gemeinsam hat. Reizvoll-unheimlich ist dieses Sumpfgebiet mit seiner prächtigen Flora und Fauna, mit weiten Mooren und Flusslandschaften, in denen Flamingos sich ihr Diner zusammenfischen. Wer möchte schon durch die Provence hetzen oder die Auvergne und das Zentralmassiv nur aus dem Autofenster erleben? Wer würde sich nur mit einem flüchtigen Blick auf die Monts Dômes zufrieden geben, die erloschenen Vulkane aus grauer Vorzeit?

Richtung Atlantik. Wer vom Mittelmeer in die bis zu 3500 Meter hohe Bergwelt der Pyrenäen hineinfährt, die trutzigen Burgen der Albingenser in den steinigen Corbières bewundert, natürlich den Pyrenäen-Nationalpark mit dem berühmten Talkessel Cirque de Gavarnie besucht und vielleicht auch dem Wallfahrer-Ziel Lourdes die Ehre erweist, der kommt unweigerlich am Atlantik heraus. Das Ziel ist klar: Bordeaux

Erstaunlich, wie hilfreich im Alltag ein kleines Auto sein kann Mitte, während in Saint-Tropez die Edelkarosse den Status demonstriert oben. Napoleon ist es zu verdanken, dass Frankreichs Straßen nicht nur im Lyonnais meist schnurgerade verlaufen. unten und links

Die Kunst der Parfümherstellung: Düfte des Himmels

Lavendelblau auf den Feldern: Im Juni leuchten die zarten Blüten. In Grasse, seit der Renaissance Zentrum der Parfümproduktion, werden Jasmin und andere Blüten und Kräuter mühevoll geerntet und in einem komplizierten Verfahren unter anderem für Chanel Nr. 5 in reinen Duft verwandelt. Wen wundert's, dass überall Essenzen und aromatische Seifen zum Kauf locken.

Er wächst auf den Feldern, endlos, und der Duft schmeichelt allen Sinnen – Lavendel, die Pflanze der Provence. Sein Blau prägt die Landschaft, sein Duft beruhigt das Gemüt. Und er ist die Basisnote der Parfümherstellung in Frankeichs Süden. Wer an der Côte d'Azur unterwegs ist und nicht seiner Schnuppernase gefolgt und in der Welthauptstadt des Parfüms gelandet ist, hat das Odeur der großen weiten Welt verpasst. Hier, in Grasse, produzieren Galimard und Molinard, Chanel und Dior jene Duftmarken, die rund um den Globus gesetzt werden und andere Menschen in ihren Bann ziehen. Es ist und bleibt das Geheimnis der Laboratoires und Parfumiers, wie sie aus Mimosen, Nelken, Rosen, Veilchen, Orangen, einigen synthetischen Essenzen und eben dem Lavendel immer wieder neue Wohlgerüche zaubern. Längst sind die Zeiten passé, da es in Hinterhöfen in Stahlkesseln blubberte und brodelte, heute glänzen in den Hallen der Fabriken Kupfer- und Edelstahlzuber um die Wette, und die Verkaufsräume der großen Parfümnamen strotzen vor Exklusivität und Noblesse. Das passt, denn schließlich war es der Protagonist feiner Lebensart überhaupt, der das Parfüm hoffähig machte: Sonnenkönig Louis XIV. Damals blühte die Parfümindustrie in Grasse auf, fand sie doch im milden Mittelmeerklima ideale Voraussetzungen für ihre Rohstoffe. Endlich war man nicht mehr darauf angewiesen, die teuren Essenzen ausschließlich aus Asien oder dem Nahen Osten zu importieren – in ägyptischen Gräbern fand man Duftstoffe, die bereits vor rund 4000 Jahren kreiert wurden. Sicher sollte der Wohlgeruch die Götter milde stimmen, genauso wie eine ordentliche Dosis Parfüm im 17. und 18. Jahrhundert dabei half, die gewisse eigene Note zu verbergen. Zu dieser Zeit hielt man Waschen und Baden für ungesund. Heutzutage ist unbestritten, dass es sich positiv auf Geist und Körper (und die Mitmenschen) auswirkt, gut zu riechen. Wobei natürlich mancher die Nase rümpft ob diesem oder jenem Duft, während andere davon die Nase nicht voll bekommen können. Eine Geschmackssache eben. Deswegen bieten einige der großen Parfümhersteller Seminare an, in denen jeder aus einem reichen Fundus sein eigenes Wässerchen mixen kann. Die Formel wird aufbewahrt, und bei Bedarf kann man sich seinen Lieblingsduft nachbestellen. Individuell ist's allemal – und auch billiger. Je aufwändiger es ist, die Essenzen für einen Duft zu gewinnen und ihn anschließend in der Duftküche zu kreieren, desto teurer wird das Ergebnis sein, dessen Verdunstung uns in der Nase liegt. Es ist die Wolke, die von den Römern mit »per fumum« bezeichnet wurde. Und sollte sich noch jemand über den Preis für ein gutes Parfüm wundern, sollte er sich einmal vor Augen oder unter die Nase halten, wie viele Blüten für einen Liter Lavendelessenz nötig sind: 200 Kilogramm nämlich.

und Biarritz, Mimizan-Plage und Lacanau-Plage. Die endlosen Strände der Côte d'Argent, der Silberküste am Atlantik, sind das beliebteste Ferienziel der jüngeren Deutschen in Frankreich. Und über den Weg dahin, einmal quer vom Nordosten in den Südwesten des Landes, sollte man sich ruhig ein paar Gedanken machen. Es wäre schade um die schöne Champagne, die illustre Ile de France und die Schlösser der Loire. Das magische Dreieck für alle Freunde des prickelnden Edel-Schaumweines liegt zwischen der Hauptstadt der Champagne, Châlons-sur-Marne, Epernay und Reims. Hier, an der rund 120 Kilometer langen »Route du Champagne«, sind die großen Namen zu Hause, denen es gelungen ist, der Welt das Prickeln zu lehren.

Streifzug durch die Metropole. Alle Wege führen nach Paris, das verdeutlicht schon der Blick auf die Straßenkarte, und genauso laufen hier die politischen Fäden des Landes zusammen. Wer Frankreich kennen will, muss Paris studiert haben, und wer Paris verstehen möchte, muss die Provinz erlebt haben. Denn für den Pariser ist alles außerhalb der Hauptstadt Hinterland. Diese Einschätzung ist freilich über die Jahrhunderte gewachsen: Könige haben in der Stadt residiert und über das Land regiert, von hier zog Napoleon aus, um die Welt zu erobern, und hier musste noch

um 1900 jeder Künstler, ob Schriftsteller oder Maler, zumindest zeitweise gelebt haben, wenn er dazugehören wollte. Auf diesem Humus hat Paris Größe erlangt, doch auch Schattenseiten.

Die architektonischen Sünden in der »Agglomération parisienne« wie in den Außenbezirken Cergy-Pontoise oder Melun-Sénart gereichen der Welthauptstadt der Muße nicht gerade zur Ehre. Dort wurde seit etwa 1960 als modern bezeichneter Wohnraum geschaffen, weil die heutige Zehn-Millionen-Stadt aus allen Nähten zu platzen drohte. In der Realität sind daraus Wohn-Ghettos für sozial Schwächere und Ausländer entstanden – ein hochexplosives Pulverfass mit hoher Arbeitslosigkeit und wachsender Fremdenfeindlichkeit. Der Reisende, der rechts und links der Seine entlangbummelt, fühlt sich freilich nur auf der Sonnenseite der Stadt. Der langjährige Frankreich-Korrespondent und Fernsehmoderator Ulrich Wickert hat es in seinem amüsanten Buch »Frankreich – Die wunderbare Illusion« treffend auf den Punkt gebracht: Paris wirke heutzutage »wie ein alter Ballsaal, der nach einem rauschenden Fest aufgeräumt wird, obwohl der nächste Abend noch nicht gebucht ist«. Es bleibt aber jedem selbst überlassen, Paris zum privaten Ballsaal werden zu lassen und ein rauschendes Fest zu feiern. Der Möglichkeiten bietet die Stadt mehr als genug.

Paris – Stadt der innovativsten Kunst, der elegantesten Mode (Yves Saint-Laurent) oben und des mondänsten Nachtlebens.
Brigitte Bardot feierte Triumphe als Filmstar. Mitte oben
Jean Cocteau Mitte unten, Edith Piaf unten, Pablo Picasso links.

Schlemmen im Land der Feinschmecker

Die Einladung galt für halb eins. Es war der erste Weihnachtsfeiertag auf einem Mas, einem typisch französischen Bauernhof, im Roussillon. Dieses Essen liegt zwei Dekaden zurück, aber sowohl die Speisenfolge als auch die anregenden Gesprächsthemen werde ich wohl nie vergessen. Und wohl auch nie wieder erleben. Das weihnachtliche Mittagessen ging um halb sieben mit einem letzten Schluck Champagner zu Ende; schließlich sollte jeder ein bisschen Zeit haben, sich frisch zu machen – um halb neun wollte man sich zum festlichen Diner treffen ...

Essen und Trinken in Frankreich dient zwar auch der Nahrungsaufnahme, aber unversehens kann jedes Essen zu einem gesellschaftlichen Ereignis werden. Außerdem eher kargen Frühstück vielleicht. Die Franzosen kennen für ihre Lieblingsbeschäftigung einige unumstößliche Regeln: Kein Menü beginnt ohne Aperitif, meist mit dem Anisschnaps Pastis oder einem der süßen »Vin doux«, und kein Essen endet ohne einen Café oder die »Tisane«, den Kräutertee. Was die Speisenfolge angeht, so ist erlaubt, was die Kreativität der Küche und die Vielfalt der (frischen) Zutaten hergeben. Mit einem einfachen Tellergericht wie hierzulande gibt sich im Land der Genießer niemand zufrieden. Es lohnt sich also, die Menüfolge im Restaurant auszuprobieren und die Spezialitäten der Regionen zu versuchen. Den Bohneneintopf Cassoulet im Süden muss man probiert haben oder die Bouillabaisse am Atlantik oder die »Foie gras«, die Gänseleberpastete, im Périgord oder Austern in der Normandie. Eigentlich hat fast jeder Landstrich etwas Besonderes zu bieten, und sei es »nur« Käse. Die Rohmilch (und nicht keimfreie haltbare) ist das einfache Geheimnis, ob von Kuh oder Schaf oder Ziege. Über pasteurisierte Milch für die Käseherstellung kann ein Franzose nur lachen. Auch Leckermäuler kommen nicht zu kurz. Fast jeder Ort hat sein süßes Geheimnis in Form einer Dessert-Spezialität, eines Pralinés oder Kuchens.

Auf den Märkten mit ihrer überbordenden Fülle gibt es alles, was das Herz des Kochs höher schlagen lässt: frischen Fisch, Meeresfrüchte, delikates Fleisch, Gemüse in allen Variationen, und natürlich Gewürze. Von hier kommen die stets frischen Zutaten der feinen Restaurantküche, aber auch jede Hausfrau deckt sich mit allem Nötigen ein. Kreativität ist das Credo französischer Gourmets. So entstand die Nouvelle Cuisine. Einfach, aber natürlich im Geschmack ist ihre Philosophie. In keinem anderen Land schmücken sich so viele renommierte Kochkünstler mit Qualitätssysmbolen anerkannter Feinschmecker-Institutionen, den »Sternen« und »Kochmützen«. Unter den ehrgeizigen Küchenchefs des Landes besteht ein wahrer kreativer Wettbewerb. Am besten, man guckt einfach nicht auf die Preise, studiert andächtig die Speisekarte – und genießt, was die französische Küche an Verlockendem zu bieten hat.

Süße Versuchung: Nougat in Sault. oben Genuss, wie ihn die Franzosen lieben: erst die Freude beim Einkauf der Zutaten, dann das stilvoll servierte, köstliche Menü. Mitte, unten, rechts

Schlösser und Kathedralen. Nur einen Steinwurf von der Hauptstadt entfernt finden Geist und Seele Erholung. Die Ile de France ist das Naherholungsgebiet der Pariser, das ist heutzutage so und galt auch schon vor drei Jahrhunderten, als der Sonnenkönig Louis XIV. sein Traumschloss in Versailles bauen ließ. Genau genommen gehen die kulturhistorischen Anfänge der Ile de France aber noch viel weiter zurück, bis ins Mittelalter. Nicht ohne Grund behauptet dieser Landstrich von sich, die Wiege der französischen Zivilisation zu sein; die schönsten und größten gotischen Kirchen, zu denen auch Notre-Dame von Paris gehört, liegen im weiten Pariser Becken (wir besuchen sie in unserer Route Nummer 2). Die Loire, mit mehr als 2000 Kilometern Frankreichs längster und ohne Zweifel schönster Fluss, schlängelt sich aus dem Zentralmassiv in Richtung Norden und erhält bei Orléans die entscheidende Richtungsänderung: Von nun an geht's nach Westen, ab hier darf sich der Fluss »königlich« fühlen. Kaum ein Ort ohne dickes Gemäuer, nobles Inventar und prächtige Ritterrüstungen: Amboise und Chambord, Chenonceaux und Ussé sind nur einige der Schlösser, in denen die gekrönten Häupter seinerzeit eben jene zur Ruhe legten und die die Loire berühmt gemacht haben.

Der Duft des Landes. Cognac – schon der Name des Edeldestillats zergeht auf der Zunge. Und natürlich war es ein Franzose, Jean Martell, der 1715 das erste Kapitel der Erfolgsstory dieses kleinen Städtchens westlich der Gironde schrieb. Egal, wo man sich gerade auf französischem Boden befindet, irgendwo gibt es immer irgendetwas zu verkosten, zu probieren, zu schmecken. Und erst recht im Südwesten des Landes, in Aquitanien und dem Périgord, in Bordeaux oder im Bergerac. Man nehme nur eine fingerdicke Scheibe »Foie gras«, ein Stück Weißbrot, ein Glas Sauternes. Und genieße. Oder eine Ecke Brebis-Käse aus den Pyrenäen, dazu einen Médoc oder Saint-Emilion. Ganz gleich wo, die Landschaft zwischen der endlosen Silberküste am Atlantik und den sanften Hügeln des Périgord bildet schon die passende Kulisse. Wundert es da noch, dass schon vor mehr als 20 000 Jahren hier Menschen lebten? Auch denen ging es offensichtlich so gut, dass sie vor Freude an den Wänden der Höhlen von Lascaux und Font de Gaume mit großem Geschick ihren Alltag in frühen Meisterwerken der Kunst verewigten ...

Bretagne und Normandie. Das Argument für die Begierde nach der Bretagne ist so einfach wie bestechend: Die 250 Kilometer

Die schönsten Bootstouren auf französischen Kanälen

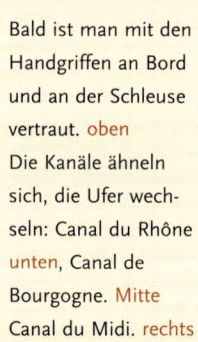

Der Mann hatte eine Vision: Das Mittelmeer müsste mit dem Atlantik verbunden sein. Was Pierre-Paul Riquet fehlte, war Geld – und Wasser. Auf einem Ausflug im Jahr 1650 kam Piquet die rettende Idee: Eine Bergquelle sollte als Wasserreservoir für den Kanal dienen, der immerhin 189 Höhenmeter zwischen dem Mittelmeer im Osten und der Garonne im Westen zu überwinden hatte. Colbert, der berühmte Finanzverwalter des Sonnenkönigs Louis XIV., war von der Vorstellung begeistert. Auf 3,36 Millionen Pfund wurde das Jahrhundertbauwerk veranschlagt; dass es am Ende, 1681, knapp sechs Millionen Pfund kostete, störte niemanden, flossen doch durch den aufblühenden Handel mit dem Kanalwasser auch reichlich Goldstücke zurück in den Staatssäckel. 12 000 Arbeiter hatten es ermöglicht, dass den königlichen Frachtschiffen endlich die aufwändige und schwierige Passage über Gibraltar zwischen Mittelmeer und Atlantik erspart werden konnte. Frachtdampfer sind längst verschwunden vom Canal du Midi, heute kreuzen Armadas von Hausbooten auf der 240 Kilometer langen Wasserstraße. Im Sommer herrscht Verkehr wie auf den Champs-Elysées, die Boote drängeln sich an den sechzig Schleusen, und jeder freut sich über die mächtigen Schatten spendenden Platanen entlang der Strecke. Sie sind die einzige Abkühlung, denn ein Bad nimmt kaum jemand, zu schmutzig ist das Kanalwasser. Die schönste Zeit, den Canal du Midi zu befahren, ist der Herbst: Das Laub verfärbt sich, Frühnebel liegt über dem Land, es herrscht eine ganz eigene Stimmung, wenn man gemütlich im bestens ausgestatteten und führerscheinfreien Hausboot vor sich hintuckert. Sehens- und Liebenswertes entlang der Strecke gibt es genug, und jeder Schleusenwärter und Bauer bietet alle

möglichen Leckereien an. Aber nicht nur der Canal du Midi macht aus Landratten begeisterte Skipper: Allein im Midi können achthundert Wasserkilometer von Hausbooten befahren werden, wie der Seitenkanal der Garonne oder der Lot. Auch im Burgund ist in den vergangenen Jahren nach dem Vorbild und Erfolg des Canal du Midi ein reger Bootstourismus entstanden: auf dem Canal de Bourgogne oder dem Canal du Nivernais. Im Westen des Landes ist die Charente freizeitmäßig schiffbar. Das Urlaubsgeschäft mit den Freizeitkapitänen boomt, und wenn dann auch noch der Maat gute Arbeit leistet und der Smutje seine Küche voll im Griff hat, dann setzt die Erholung ein. Immer gilt: Der Weg ist das Ziel. Beschaulich schippert man den Kanal entlang, legt in einem hübschen Ort an, um durch die Gassen zu bummeln, und entspannt sich an Bord.

Bald ist man mit den Handgriffen an Bord und an der Schleuse vertraut. oben
Die Kanäle ähneln sich, die Ufer wechseln: Canal du Rhône unten, Canal de Bourgogne. Mitte
Canal du Midi. rechts

lange und bis zu 150 Kilometer breite Halbinsel mit ihrer 1800 Kilometer langen Küste biete doch alles, was man für einen Urlaub brauche. Malerisch gibt sich die Küste mit so etablierten Seebädern wie Dieppe oder Fécamp, Deauville oder Honfleur und den bekannten Stränden Côte d'Albâtre und Côte Fleurie, mehr landwirtschaftlich geprägt ist das Hinterland, wo die besten Äpfel (für Cidre und Calvados) geerntet werden und die glücklichsten Pferde Frankreichs grasen. Die Normandie ist so recht nach dem Geschmack von Familien: unverfälscht im Vergleich zur Côte d'Azur, gediegener als die Côte d'Argent. Ihren Platz in den Geschichtsbüchern hat sich die Normandie sowieso gesichert: Hier, zwischen Ornemündung und der Halbinsel Cotentin, landeten am 6. Juni 1944 die alliierten Truppen und leiteten damit das Ende der Nazi-Diktatur ein. Natürlich sind die wichtigsten Momente an den entscheidenden Orten der Invasion in Dokumentarzentren festgehalten. Dieser Geschichtsunterricht lohnt sich genauso wie ein Abstecher auf die Halbinsel Cotentin, bis hinauf nach Valognes mit seinen wunderschönen Herrensitzen. Die Westküste besitzt einen ähnlichen Reiz wie die von Wind und Wellen zerklüftete Bretagne, die dort beginnt, wo das begehrteste Touristenspektakel des Landes aus dem Wasser ragt, das gotische Wunder des heiligen Bergs, Mont-Saint-Michel.

Frankreich an einem 14. Juli. Häuser sind geschmückt, blau-weiß-rote Fahnen wehen im Wind, stolze Menschen ziehen in farbenfrohen Aufmärschen durch Dörfer und Städte: Frankreich zelebriert seinen Nationalfeiertag. Wer Frankreich und die Franzosen verstehen will, wer der Identität unserer Nachbarn auf den Grund gehen will, der muss einen Blick in die Vergangenheit werfen – wenigstens 200 Jahre zurück. Mit dem Sturm auf das Pariser Staatsgefängnis, die Bastille, wurde an jenem 14. Juli 1789 die Revolution eingeleitet und der Monarchie das Genick gebrochen, die Feudalordnung abgeschafft und die Menschenrechte ausgerufen: Freiheit, Gleichheit, Brüderlichkeit sollten fortan gelten. Es störte niemanden, dass beim Sturm auf die dicksten Mauern der Hauptstadt nur mal eben sieben Insassen befreit wurden, die auch noch mit Politik nichts zu tun hatten – mehr Gefangene waren an jenem 14. Juli nicht inhaftiert. Es störte fortan auch niemanden, dass die Guillotine von den bürgerlichen Revolutionären zu Massenhinrichtungen eingesetzt wurde und damit gleich am Anfang das gemeinsame Ziel von »Liberté, Egalité, Fraternité« ad absurdum geführt wurde. Diese Schattenseite der Revolution ist für viele Franzosen mehr als nur ein Wermutstropfen beim Andenken an die hehren Ziele ihrer Vorfahren. Vermutlich wäre es nie zu diesem revolutionären Aufstand gekommen,

Der Gaukler hat Narrenfreiheit wie einst. oben In der Moulin Richard in Bas-Ambert entsteht kostbares Papier noch von Hand. Mitte Zum Namenstag des Dorfpatrons ziehen die Frauen von Roquebrune-sur-Argens ihr schönstes Gewand an. unten Zigeuner aus ganz Europa pilgern nach Les Saintes-Maries-de-la-Mer. links

hätten nicht Philosophen und Schriftsteller wie Voltaire, Montesquieu und Rousseau die geistigen Voraussetzungen dafür geschaffen. Es war die Zeit der Aufklärung, die in der Kritik an den zügellosen Zuständen unter König Louis XIV. (»L'Etat c'est moi« – Der Staat bin ich) und in der Forderung nach gesellschaftlicher Veränderung gipfelte. Rousseau formulierte in seinem »Contrat social« den moralischen Gleichheitsgedanken und damit einen der Leitsätze der Revolution: »Kein Staatsbürger darf so reich sein, um sich einen anderen kaufen zu können, noch so arm, um sich verkaufen zu müssen.« Paris war ein prächtiger Nährboden für einen freiheitlichen und liberalen Geist und ist es bis in unsere Tage geblieben.

Französischer Esprit. Es war also kein Zufall, dass die französische Hauptstadt im Laufe des 19. Jahrhunderts bis zum Zweiten Weltkrieg zur intellektuellen Metropole für Maler und Schriftsteller aufstieg. Hier trat der Impressionismus seinen Siegeszug um die ganze Welt an. Monet und Renoir waren die herausragenden Vertreter jener neuen Stilrichtung, die auf die stimmungsvolle Wiedergabe eines momentanen Eindrucks (Impression) setzte. Fünfzig Jahre später wurde Paris zum Zentrum der Surrealisten, und der amerikanische Schriftsteller Ernest Hemingway, der in Paris in literarischen Cafés unter anderen mit Getrude Stein, Ezra Pound und Scott Fitzgerald zusammentraf, sammelte hier die Eindrücke für seine große Laudatio: »Paris – ein Fest fürs Leben«. Seine Landsfrau Gertrude Stein hielt zwar Amerika für ihre Heimat, aber Paris für ihr Zuhause, und Hemingway schrieb an einen Freund: »Wenn du das Glück hattest, als junger Mann in Paris zu leben, dann trägst du die Stadt für den Rest deines Lebens in dir, wohin du auch gehen magst, denn Paris ist ein Fest fürs Leben.« Mit dem Beginn der nationalsozialistischen Schreckensherrschaft in Deutschland wurde das festliche Pariser Leben jäh unterbrochen. Deutschland zwang seinen Nachbarn nach 1914 abermals in einen

Krieg, bombardierte und überrannte das Land und besetzte im Juni 1940 Paris.

Deutsch-französische Freundschaft. Es dauert rund zwei Jahrzehnte, bis eine gewisse Normalität zwischen den beiden verfeindeten Völkern einsetzt. Der Vertrag über die deutsch-französische Zusammenarbeit wird 1963 unterzeichnet, und es gibt nicht wenige Franzosen, die der Annäherung Charles de Gaulles an den Erzfeind und Nachbarn missmutig, ja sogar wütend gegenüberstehen. Auch als Helmut Kohl und François Mitterrand sich Anfang der 80er Jahre auf dem Heldenfriedhof von Verdun die Hände zur Versöhnung reichen, findet diese Geste nicht nur Anhänger. Von einem unbefangenen Umgang miteinander konnte auch 40 Jahre nach

Paragliding ist auf dem baumlosen Gipfel des Puy de Dôme von besonderem Reiz. oben
Kein Baske, der nicht das uralte Nationalspiel Pelota beherrschen würde. Mitte
Provence einmal anders: mit dem Mountainbike durch trockene Flusstäler und auf karge Höhen. unten
Eine der schönsten Schluchten Europas – an den Kalkfelsen des Grand Canyon du Verdon geht es Schwindel erregend hinab. großes Bild

Kriegsende keine Rede sein. Erst das Heranwachsen einer neuen unbelasteten Generation und eine immer weiter voranschreitende vertrauensbildende Zusammenarbeit auf politischer Ebene in der Europäischen Gemeinschaft bzw. Union sorgten allmählich dafür, dass so etwas wie Normalität einsetzte. Städtepartnerschaften wurden ins Leben gerufen; heute gibt es zwischen Frankreich und Deutschland rund 1800 »Jumelages«, Tendenz weiter steigend. Es herrscht also ein reger Kulturaustausch. Man lernt voneinander, versteht sich (auch wenn man der jeweils anderen Sprache nicht mächtig ist) und kommt sich menschlich näher. Freundschaften entstehen, Auseinandersetzungen werden nur noch auf sportlicher Ebene ausgetragen. Keine Frage, diese Städtepartnerschaf-ten waren eine wesentliche Voraussetzung dafür, dass Frankreich und Deutschland zur Normalität gefunden haben, dass sie gute Nachbarn, ja Freunde geworden sind. Auch wenn diese Beziehung heute noch von vielen älteren Franzosen (und sicher auch Deutschen) mit einigem Misstrauen verfolgt wird. Unter der breiten Bevölkerung aber wurde aus Argwohn Vertrauen, aus Hass Zuneigung. Nach den tief schmerzenden Erfahrungen der Vergangenheit musste eine solche dauerhafte Freundschaft das Ziel sein, und jeder Deutsche, der sich der französischen Vielfalt hingibt, die großartigen Landschaften besucht und die Nähe zu unseren liebenswerten Nachbarn sucht, untermauert das Fundament einer dauerhaften deutsch-französischen Freundschaft.

Und ewig lockt das Meer, wo Surfen und Segeln in der rauen See (hier in der Bretagne) zur Herausforderung werden. oben
In der Auvergne kann man stundenlang auf abgeschiedenen Wegen wandern. Mitte
Wer es lieber beschaulich mag, dem erschließt sich das Burgund aus ungewöhnlicher Perspektive vom Ballon aus. unten

Route **1**

Vom Rhein an die Seine

Jahrhundertelang war der Rhein heiß umkämpft und sorgte für Streit und kriegerische Konflikte zwischen Frankreich und Deutschland. Heute ist er keine Grenze mehr. Frankreich beginnt nahtlos, aber unverkennbar. Schon Straßburg ist anders. Richtig französisch eben. Nur eine Reise vom Rhein an die Seine – und doch führt sie in eine andere Welt.

In traditionsreichen Pâtisserien wie Lefèvre-Lenoine in Lothringens Hauptstadt Nancy bleibt kein süßer Wunsch unerfüllt.

Eine Fahrt in Frankreichs Herz

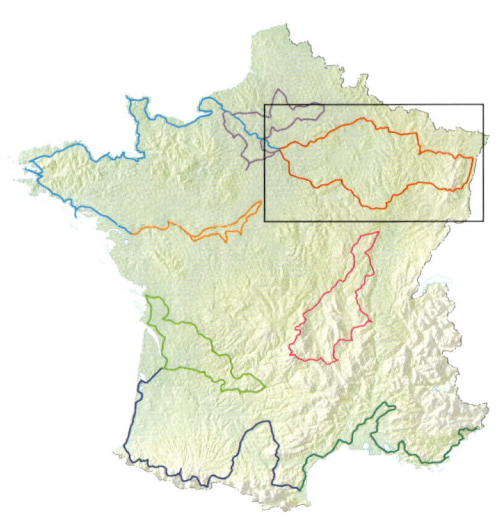

Landschaftlich vielseitig ist das Land zwischen Rhin, Moselle, Meuse und Seine, voller Spuren wechselhafter Geschicke. Steile Hänge mit atemberaubender Aussicht in den Vogesen, die fruchtbare Ebene der Champagne, romantische Flüsse, ehrwürdige Kirchen und Klöster. Schon die Römer fühlten sich wohl und gründeten Städte, genauso wie Karl der Große und die Könige nach ihm. In Frankreichs Norden wird Geschichte lebendig.

In ihrer prunkvollen Residenz in Saverne im Elsass verbrachten die Fürstbischöfe von Straßburg manchen Sommer.

Der Garten Eden ist offen für jeden – und nur einen Katzensprung entfernt. Die wahren Genießer werden schon im Elsass auf eine erste kulinarische Entdeckungsreise gehen und in den siebten Himmel gelangen. Den erreichen freilich auch die Liebhaber gotischer Architektur bei der Erkundung des Straßburger Münsters. Und natürlich werden alle, die eine Schwäche für altes Fachwerk haben, die schönen prunkvollen Kaufmannshäuser aus dem 16. und 17. Jahrhundert bewundern. Es fällt einem richtig schwer, sich von den kleinen, verwinkelten Straßen der Altstadt mit ihren hübschen Boutiquen und reich bestückten Schlemmerläden zu verabschieden und den freundlichen Menschen Adieu zu sagen. Fast jeder der Älteren spricht hier im grenznahen Frankreich wenigstens einige wenige Sätze Deutsch mit dem netten elsässischen Akzent.

Deutsch-französische Vergangenheit. Bis zum endgültigen Anschluss an Frankreich 1945 wechselte die Region in 75 Jahren viermal ihre Staatszugehörigkeit. Mehr gezwungenermaßen als freiwillig, aber von Ressentiments gegenüber den Deutschen, die das Elsass zwischen 1940 und 1944 annektierten, ist heute nichts mehr zu spü-

ren. Und tauchten nicht plötzlich Autos mit anderen Nummernschildern und Reklametafeln in französischer Schrift auf, man würde gar nicht merken, dass eine Landesgrenze hinter einem liegt. Doch je weiter man nach Westen fährt, desto mehr nimmt Frankreich Gestalt an.

Lothringen – Landschaft im Wandel. Schon Marmoutier, das man über Wasselonne erreicht, ist ein durch und durch französisches Dorf. Die Reste der ehemaligen Abtei stammen aus dem 8. Jahrhundert und sind neben der schönen Mauruskirche aus dem 12. und 13. Jahrhundert die Attraktionen des kleinen Dorfes. Sarrebourg könnte die nächste Stippvisite auf dem Weg nach Nancy sein – die ehemalige Franziskanerkirche ziert ein von Marc Chagall geschaffenes Fenster. Und wer einen ersten Eindruck von den deutsch-französischen Konflikten erhalten möchte, die besonders diesen Landstrich in der ersten Hälfte des 20. Jahrhunderts belasteten, der sollte Station am Ortsausgang machen. Dort sind auf einem Friedhof mehr als 13 000 Soldaten aus dem Ersten Weltkrieg begraben.

Wirtschaftlich und industriell hat sich Lothringen lange Zeit von den Bodenschätzen abhängig gemacht, über Jahrzehnte

Mit kühler Pracht emp-
fängt die Place Stanislas
in Nancy ihre Besucher,
die sich bei einer Tasse
Kaffee hier wahrhaft
königlich fühlen.

»Der Wind hatte sich ungestüm auf beiden Seiten der Böschung erhoben, die Pappeln vermischten die Schauer ihrer Blätter mit den leisen, trockenen Geräuschen, die von dorther auf uns zukamen ...
Ich wagte nicht mehr, mich zu rühren.«
Louis-Ferdinand Céline, Reise ans Ende der Nacht, 1952

florierte die Kohle- und Eisenerzindustrie, bis ein weltweiter Preisverfall dem französischen Revier zu schaffen machte. Heute stützt sich Lothringen mehr auf seine landschaftlichen Stärken, in den Vogesen mit grünen Berggipfeln, Seen, romantischen Flüssen und reichem Freizeitangebot in den Erholungsorten. Über die D68 und die D2, am Canal de la Marne au Rhin entlang, ist Nancy gut zu erreichen.

Königliches Nancy. Lothringens alte Hauptstadt verdankt ihre schönsten architektonischen Bauten dem ehemaligen König von Polen und letzten Herzog Lothringens, Stanislas Leszczynski. Bis zu seinem Tod 1766 ließ er bauen, was die Finanzen hergaben. Das Ergebnis ist heute noch rund um die Place Stanislas zu bewundern. Der weitläufige Platz wird von eleganten Pavillons begrenzt, in den Brasserien treffen sich die Menschen zum Café und erfüllen einen Ort mit Leben, der zusammen mit der Place de la Carrière von der UNESCO zum Weltkulturerbe erklärt wurde.

Die gotische Kathedrale thront auf einem Hügel über der Altstadt von Metz, das einst von den Römern gegründet wurde. oben
Engel an der Kathedrale von Reims. Mitte
Sonntags ein Huhn im Topf wünschte schon König Henri IV. jedem seiner Franzosen. unten
Vom Château du Haut-Barr schweift der Blick über eine fast geometrische Landschaft. rechts

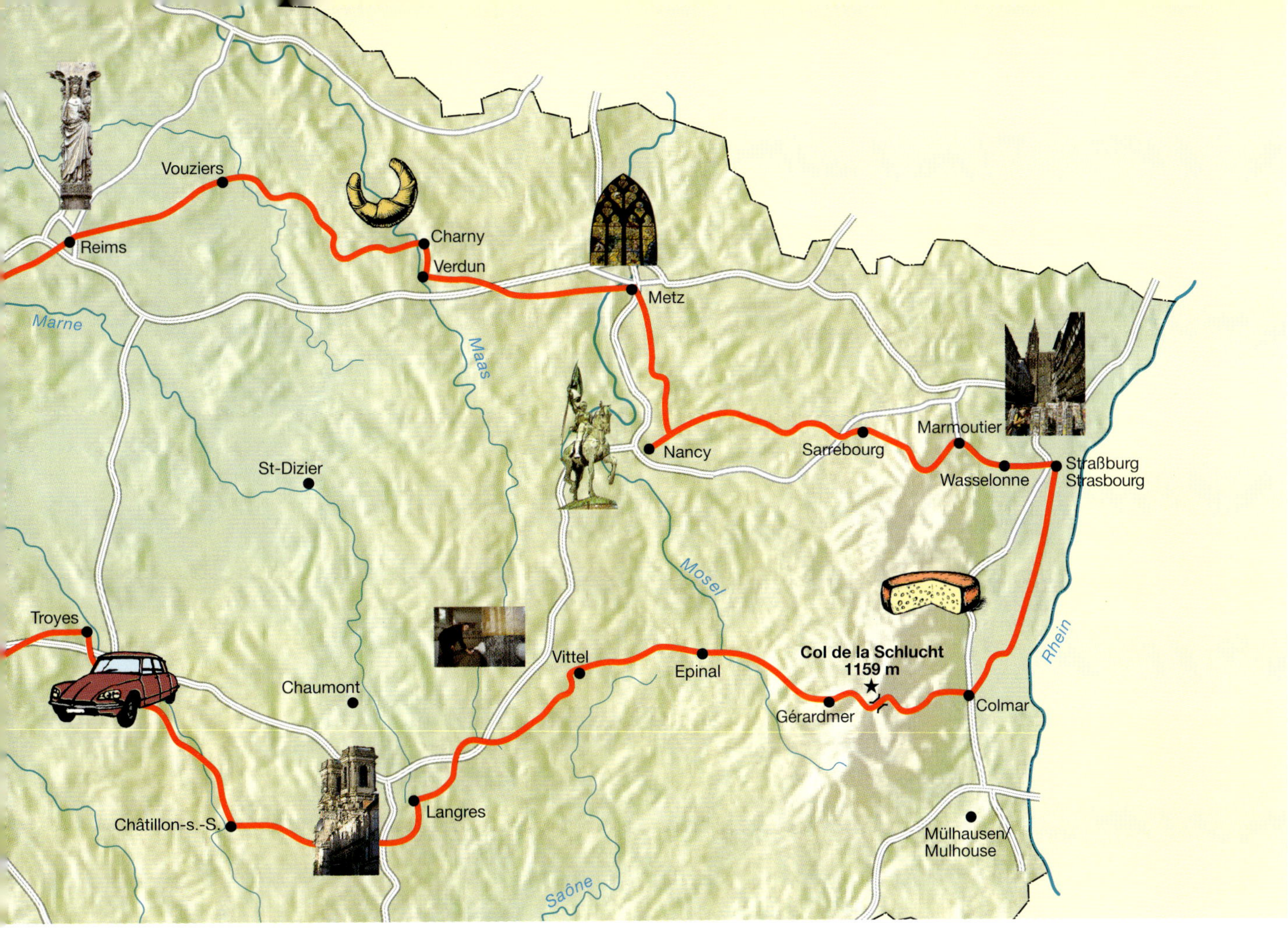

Die Elsässische Weinstraße

Der liebe Gott meinte es gut, als er im Elsass ideale Bedingungen für den Weinbau schuf. Auf einer Länge von etwa 100 Kilometern, am Fuß der schützenden Vogesen, steht Weinstock an Weinstock. Das Klima ist trocken und warm, und mit 500 Millimeter Niederschlag pro Jahr gehört das Elsass zu den regenärmsten Regionen Frankreichs. Schon im 6. Jahrhundert lobte Bischof Gregor von Tours den fruchtigen Geschmack der Elsässer Tropfen; seither haben die vielfältigen Weine aus Riesling- und Silvaner-, Gewürztraminer- und Muskat-Trauben einen Triumphzug durch die Kehlen dieser Welt angetreten. »Route des Vins d'Alsace« heißt die 170 Kilometer lange Weinstraße über Berge und Täler, die in Marlenheim im Norden beginnt und in Thann im Süden endet. Eine ausführliche Weinprobe bei einem der zahllosen Winzer ist ein kulinarisches und önologisches Erlebnis – die Ortschaften präsentieren sich, als lägen sie miteinander im Wettstreit um das schönste Dorf im Elsass.

Gotisches Metz. Freunde der Gotik kommen in Metz auf ihre Kosten. Es dauerte drei Jahrhunderte, ehe die Kathedrale Saint-Etienne an der Place d'Armes inmitten der malerischen Altstadt endgültig fertig gestellt war. Ihre größte Kostbarkeit sind die Glasfenster, die auf einer Fläche von 6500 Quadratmetern erstrahlen. Von ihnen stammen die ältesten aus dem 13. Jahrhundert und drei der neueren von Marc Chagall aus dem Jahr 1960. Schon deswegen lohnt sich ein Besuch der größten Stadt Lothringens, die schon zu Römerzeiten wegen ihrer günstigen Lage am Zusammenfluss von Moselle und Seille besiedelt war.

Verdun, Zeuge des Ersten Weltkriegs. Diese heute etwa 25 000 Einwohner zählende Stadt an der Meuse hat durch die Schlacht um Verdun, die im Jahr 1916 stattgefunden hatte, ein ganz eigenes Kapitel der deutsch-französischen Geschichte geschrieben.

Henri IV. machte den Parisern und Parisbesuchern 1605 ein bis heute geschätztes und gern besuchtes Geschenk: Die Place des Vosges gilt als einer der schönsten Plätze der Welt.

Die dem heiligen Maurus geweihte Abteikirche von Marmoutier stammt aus romanischer Zeit.
oben und Mitte

Bereits zur Zeit der Kelten war die Siedlung offenbar überaus heftig umkämpft und erhielt aus diesem Grund einen besonderen Schutz, wovon nicht zuletzt ihr damaliger Name zeugt: Virodunum, was so viel wie »starke Festung« bedeutet. Aus jüngeren Tagen stammen dagegen die Porte Chaussée mit den zwei großen Rundtürmen und die Porte Châtel; beide Türme gehörten zur Ringmauer, die der königliche Architekt Vauban im 17. Jahrhundert erbauen ließ.

Prickelnde Champagne. Über die D38 geht es bei Charny in nördlicher Richtung hinaus ins Grüne, in das sanfte Bergland der Argonne mit viel Laubwald und Landwirtschaft, das die Champagne von Lothringen trennt. Auch hier, wie in den weiter nördlich liegenden Ardennen, tobten Schlachten während des Ersten Weltkriegs, und in keinem Ort fehlt das obligatorische steinerne Mahnmal für Opfer und Vaterland, auch nicht in dem kleinen Örtchen Vouziers. Es liegt bereits mitten in der Champagne am Fluss Aisne, unweit der Champagner-Hauptstadt Reims. Es war aber weniger der prickelnde Wein (den es in seiner heutigen Beschaffenheit erst seit Ende des 17. Jahrhunderts gibt) als viel-

mehr die herrliche gotische Kathedrale Notre-Dame, die immerhin 25 Könige dazu veranlasste, sich in Reims krönen zu lassen. Die spektakulärste Krönung fand am 14. Juli 1429 statt, als Frankreichs Nationalheldin, Jeanne d'Arc, den Regenten Charles VII. begleitete.

Fast alle Weg führen nach Paris. Wie ein Magnet scheint die Metropole alle Straßen anzuziehen. Kein Wunder, denn im zentralistisch angelegten Frankreich ist tatsächlich alles auf die Hauptstadt zugeschnitten. Der kürzeste und direkte Weg ins pulsierende Leben der französischen Hauptstadt führt über die A4. Bei Château-Thierry muss man die Autoroute kurz verlassen, um ein Museum zu besuchen, nämlich das von Jean de La Fontaine, der hier im Jahr 1621 geboren wurde. Die bildhaften Tierfabeln des meisterlichen Erzählers und

spöttischen Beobachters haben alle Epochen überlebt, und neben Gegenständen aus seiner Zeit werden natürlich in dem Museum auch einige seiner Fabelwesen zum Leben erweckt.

Wo sollte man anfangen in Paris, dieser Stadt, die Könige wie Poeten gleichermaßen bezaubert hat? Drei Worte fand der amerikanische Schriftsteller Ernest Hemingway für die Faszination dieser Stadt: Paris, sagte er, sei ein Fest fürs Leben. Entscheidend für eine informative wie erholsame Visite ist vor allem die verfügbare Zeit, und dementsprechend sollte man sich Schwerpunkte setzen. Ohne Muße eine Sehenswürdigkeit nach der anderen abzuhaken, bleibt den Besuchern aus Japan vorbehalten. Wohl dem, der einen guten Freund in der Stadt besucht oder auf einen anderen kenntnisreichen Reise- Fortsetzung Seite 36

»La petite France«, das malerische Viertel Straßburgs großes Bild mit seinen Brücken oben. In Straßburg finden sich immer reizvolle Motive. Mitte
Die gotische Kathedrale von Metz. unten
Brasserie »Excelsior« in Nancy. links

Wie aus Wein Champagner wird: À votre santé

Für den Jet-Set rund um den Globus ist es mehr als nur ein Getränk, moussierend zudem – es ist eine Weltanschauung. Motto: Entweder es prickelt, oder das Leben schmeckt schal. Für die anderen sprudelt der güldene Rebensaft allenfalls zur goldenen Hochzeit von Oma und Opa oder an Weihnachten. Die Firma Aldi machte damit Schluss. Jetzt gibt es Champagner schon zu Geburtstagen und zum Grillfest. Getreu der Losung »Schampus für alle« lassen die Albrecht-Brüder rütteln, was die Flaschen hergeben. Wo die Trauben für den Discount-Schampus wachsen, bleibt derweil das Geheimnis der Billig-Kette, denn die wenigen Reben um Reims verteilen sich auf 27 000 Hektar – gerademal ein Fünfzigstel von Frankreichs gesamter Rebfläche. Die meisten kleinen Winzer müssen mit einem Hektar Weinfelder auskommen, während zehn Prozent der Anbaufläche unter den Großen aufgeteilt sind. Die weltberühmten Namen heißen Bollinger und Heidsieck, Louis Roederer und Veuve Cliquot, Pommery und Dom Pérignon. Dabei gilt Monsieur Dom Pérignon als der geistige Vater des gehaltvollen Schaumweines: Er mischte Ende des 17. Jahrhunderts verschiedene Rebsorten miteinander (Cuvée) und presste so aus den an sich faden Träublein der Champagne das Beste heraus. Denn für sich gekeltert schmeckt weder der Pinot Meunier noch der Pinot Noir und schon

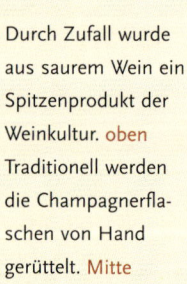

Durch Zufall wurde aus saurem Wein ein Spitzenprodukt der Weinkultur. oben Traditionell werden die Champagnerflaschen von Hand gerüttelt. Mitte

Potée de vendangeur

Die Franzosen schätzen Eintöpfe. Besonders, wenn die Zeit drängt und die Zubereitung des Essens (relativ) wenig Aufmerksamkeit benötigt. Während der Weinlese ist in der Champagne ein Gericht äußerst beliebt, weil es satt macht und sich fast alleine kocht: der Potée de vendangeur, der Suppentopf der Traubenpflücker, ein traditioneller Bohneneintopf. Das Rezept dieser deftigen Mahlzeit ist einfach und passt prima in die kühlere Jahreszeit. Grundlage sind weiße Bohnen (250 Gramm), die zusammen mit gepökeltem Schweinebauch und einer Schweinshaxe gekocht werden. Danach ein »Bouquet garni«, Möhren und Steckrüben zugeben und das Ganze bei niedriger Temperatur zwei Stunden leise kochen lassen. Dann einen geviertelten Kohlkopf, Kartoffeln und (nach Belieben) Kochwurst hinzugeben und eine weitere Dreiviertelstunde garen. Die Brühe als Suppe servieren; Fleisch und Gemüse werden auf einer Platte mit Dijon-Senf als Hauptgericht aufgetischt. Bon appétit.

gar nicht der Chardonnay (während diese Traube andernorts große Weine hervorbringt). Erst die perfekte Cuvée macht aus ordinärem Perlwein das Geschmackserlebnis Champagner. Und natürlich die kunstvolle Behandlung des Kellermeisters bei der »Remuage«: Während der zweiten Gärung hängt die Flasche kopfüber in einem Gestell und muss so lange gedreht (gerüttelt) werden, bis der Bodensatz unter dem Korken sitzt. Es dauerte lange, bis man dem Problem endlich Herr wurde, diesen Gärrückstand zu entfernen und den Druck in der Weinflasche mit einem entsprechenden Korken und Haltesystem zu bändigen. Die moderne Technik hat ihren Beitrag zur Champagnererzeugung geleistet: Heute ploppt der Gärrückstand tiefgefroren aus der Flasche, und der Champagner wird anschließend

mit einer Mischung aus Zucker und Wein wieder aufgefüllt. Die Konzentration dieser »Dosage« entscheidet über den Charakter zwischen doux (sehr lieblich) und brut (sehr trocken). Diese Bezeichnungen dürfen auch für Schaumweine benutzt werden, die nicht aus der Champagne kommen. Ganz anders hingegen verhält es sich mit der Aufschrift »hergestellt nach Champagner-Methode« (méthode champenoise). Nach einem langwierigen Rechtsstreit zwischen den Winzern der Champagne und den restlichen Weinbauern Frankreichs wurde schließlich höchstrichterlich untersagt, Perlweine mit diesem Zusatz zu versehen. Die Gefahr war einfach zu groß, dass der Mythos unter die Räder kommt und es bei den Reichen dieser Welt auch ohne echten Champagner prickeln könnte.

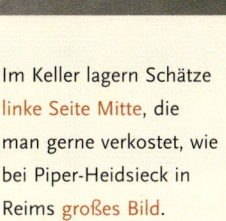

Im Keller lagern Schätze linke Seite Mitte, die man gerne verkostet, wie bei Piper-Heidsieck in Reims großes Bild.

Eine atemberaubende Kulisse – Blick von der Kathedrale Notre-Dame zum Panthéon in Paris.

führer zurückgreifen kann. Der wird einen
sicher am Wochenende zu einem der vielen Flohmärkte führen, den »marchés aux
puces«, denn das Angebot an echten und
kuriosen Raritäten in Paris ist nach wie vor
unschlagbar.

Kunst der Kathedralen. Sens liegt bereits
im Burgund, obwohl die Stadt fast noch
zum Pariser Speckgürtel gehört. Früher
war hier das kirchliche Zentrum Frankreichs, davon zeugen die Kathedrale Saint-
Etienne und deren Kirchenschatz. In der
ersten Hälfte des 12. Jahrhunderts wurde
das gotische Bauwerk begonnen, knapp
drei Jahrhunderte später vollendet. Die
Französische Revolution ließ vom ehemals
reichen Portalschmuck allerdings nicht
mehr viel übrig. Dafür hat die wunderschöne Westfassade die Zeiten unbescha-
det überstanden, und wer sich für sakrale
Schätze und Reliquien interessiert, wird
im kirchlichen Museum viel Freude haben.
Auch das etwa eine Autostunde entfernte
Troyes, ehemalige Hauptstadt der Champagne, besitzt einen Schatz: Allein die Altstadt mit zahllosen Fachwerkhäusern in
den engen, verwinkelten Gassen macht

An den Champs-Elysées
lässt sich flanieren und
entspannen, bevor man
sich in einen Tempel der
Kauflust stürzt. oben
Die älteste Kirche von
Reims wurde Remigius,
dem ersten Bischof der
Stadt, geweiht. unten
Die Kathedrale Notre-
Dame von Reims gehört
zu den Meisterwerken
der Gotik. Die Rosette
der Westfassade hat
12 Meter Durchmesser.
großes Bild

Troyes zu einem absoluten Muss in der Planung jedes Reisenden, auch wenn es viele Besucher viel eher nach Reims als nach Troyes zieht.

Dabei kommen Kunstkenner und Kirchenliebhaber in Troyes ins Schwärmen, denn mit den Kirchen Saint-Jean, Saint-Urbain, Sainte-Madeleine und Saint-Pierre-et-Saint-Paul besitzt die heutige Hauptstadt des Département Aube gleich vier sakrale Bauwerke, deren Anfänge bis in die Gotik zurückreichen. Vor allem die wunderbaren Glasmalereien aus dem 13. und 14. Jahrhundert sowie die mit spitzen Türmchen verzierte Fassade von Saint-Urbain und die Fensterrose in Saint-Pierre-et-Saint-Paul faszinieren die Besucher. Wen es nach kulinarischen Künsten dürstet, der ist in einem der romantischen Restaurants im Vieux Quartier, der bezaubernden Altstadt, gut aufgehoben.

Römerstadt Langres. Durch das weitläufige Tal der Seine führt die Départemental 928 weiter über Châtillon und das bergige Plateau de Langres, welches die Wasserscheide zwischen Seine und Saône bildet, nach Langres im Süden der Champagne. Zu römischen Zeiten war die Siedlung eine

Das Vergnügen wurde schon immer ausgekostet: In den Tuilerien herrscht niemals Trübsinn. oben
Nostalgischen Flair der Belle Epoque strahlen die Métroschilder von Paris aus. unten

starke Festung, davon zeugen noch die
Reste einer Wallanlage. Eines der sehenswerten restaurierten Tore stammt aus dem
2. Jahrhundert. Auch wegen der mittelalterlichen Befestigungsmauer und einiger
gut erhaltener Renaissancebauten ist das
Städtchen, das auf halbem Weg zwischen
Nancy und Dijon liegt, allemal einen
Besuch wert.

Heilendes Wasser. Wasser machte Vittel
weit über die Grenzen Frankreichs hinaus
berühmt und seine rund 6000 Einwohner
reich. Nahezu jeder Arbeitsplatz hängt entweder an einer der vier Mineralquellen,
deren Wasser in Plastikflaschen um die
Welt geht, oder am Tourismus mit seiner
Bäderkultur. Golfplatz, Rennbahn und
Spielcasino sorgen für Kurzweil unter den
vornehmlich älteren Semestern, die ihre
Magen-, Leber- oder Darmleiden mit dem
Heilwasser kurieren.

Durch die Vogesen ins Elsass. Epinal, die
40 000 Einwohner zählende Stadt und
Verwaltungssitz des Département Vosges,
kennt in Frankreich jeder. Das liegt an den
»Images d'Epinal«, jenen bunten Bilderbö-
gen, die vor zweihundert Jahren für Furore
sorgten, als ein Buchdrucker anfing, außer
der Bibel auch Alltagsszenen und Märchen

zu bebildern. Die ersten Stücke dieser Vor-
läufer der Comics sind im Museum von
Epinal zu bewundern.

Am schönsten ist die Strecke nach Colmar
über den Fremdenverkehrsort Gérardmer
und den 1159 Meter hohen Col de la
Schlucht, der bei klarem Wetter eine phantastische Fernsicht hinunter auf die Reben
der Elsässischen Weinstraße und hinüber
zum Schwarzwald erlaubt. Die schmucken
Dörfer an der »Route des Vins d'Alsace«
übertreffen sich gegenseitig an Gemütlichkeit, und jeder Besucher, der sich auch nur
ein wenig für feinen Riesling oder
Gewürztraminer erwärmen kann, sollte
dem Angebot der Winzer folgen und eine
Weinprobe machen.

Liebenswürdiges Colmar. Das Weinverkos-
ten kann man in Colmar nachholen, denn

die Stadt lebt außer vom Fremdenverkehr
auch vom Weinhandel. Zierde der 70 000
Einwohner zählenden Hauptstadt des
Département Haut-Rhin ist die wunder-
schön restaurierte Altstadt mit ihren Bürgerhäusern aus dem 16. und 17. Jahrhundert, wie das Maison Pfister in der Rue des
Marchands. Der Stadtbummel sollte auf
jeden Fall das Unterlinden-Museum ein-
schließen, wo Matthias Grünewalds
berühmter Isenheimer Altar aus dem Jahr
1515 zu bewundern ist.

Colmar besitzt mit der Lauch zwar nur
einen Fluss, aber das Attribut Klein-Vene-
dig für das Gerber-Viertel gilt völlig zu
Recht: So romantisch sich der alte Stadtkern mit seinen schiefen Fachwerkhäusern
zeigt, so liebreizend gibt sich auch die
Landschaft im Grenzland zwischen Rhein
und Vogesen.

Gesundbrunnen in den
Vogesen: Die Trinkhallen
von Contrexeville Mitte
und Vittel oben bezau-
bern durch reinen
Jugendstil.
An den vielen schiffbaren
Kanälen und Flüssen lie-
gen reizende kleine
Städtchen wie Joigny an
der Yonne, in denen man
gerne für einen Bummel
vor Anker geht. unten

Planen und erleben ...

Die Kathedrale von Saint-Etienne mit Bischofspalast und Gartenanlagen. oben
Barockbibliothek des ehemaligen Jesuitenkollegs in Reims. Mitte
Im Casino von Contrexeville lässt sich das Glück prächtig herausfordern. unten

DIE HIGHLIGHTS

Straßburg

Straßburg – Sitz des Europaparlaments, die heimliche Hauptstadt Europas. Auf jeden Fall eine der schönsten Metropolen, nicht zuletzt wegen der Kathedrale Notre-Dame, deren Bau bereits um das Jahr 1000 begann und erst im 15. Jahrhundert beendet wurde. So sind im Münster romanische Einflüsse vereint mit architektonischen Ideen bis hin zur Spätgotik. Natürlich muss man den Turm besteigen, um das bunte Treiben in der Stadt von oben zu erleben. 103 Meter lang, 41 Meter breit und 31,5 Meter hoch, die gewaltigen Ausmaße des Innenraums verblassen ob der Kunst an allen Ecken und Enden: Seien es die Glasmalereien oder der Engelspfeiler, die barocke Kanzel oder die weithin berühmte astronomische Uhr aus dem 16. Jahrhundert.
Aber auch vor den Toren dieses Meisterwerks gotischer Baukunst gibt es viel zu entdecken zwischen Kunst und Kultur, gastronomischen Erlebnissen und angenehm großstädtischem Flair.

Nancy

Von der Place Stanislas aus lässt sich die Stadt gut zu Fuß erkunden: Der imposante Herzogspalast, in dem das Lothringen-Museum untergebracht ist, liegt nur einen Steinwurf entfernt, und wen es lieber an die frische Luft zieht, der sollte im Parc de la Pépinière spazie-

ren gehen und den Zoologischen Garten besuchen. Um allerdings das Vermächtnis einiger bedeutender Künstler des Jugendstils bewundern zu können, muss man mit dem Auto ins Musée de l'Ecole de Nancy fahren. Die Vasen und Gemälde, das Mobiliar und die kunstvoll bemalten Fenster sind ein Augenschmaus für alle Jugendstilfans.

Verdun

Hier trug sich während des Jahres 1916 das tragischste Kapitel des Ersten Weltkriegs zu. Deutsche Truppen versuchten mit aller Macht, diesen Außenposten der französischen Ostfront einzunehmen, und lieferten sich mit den französischen Soldaten eine wahre Zermürbungsschlacht auf einem verhältnismäßig kleinen Gebiet; am Ende verloren mehr als eine halbe Million Menschen ihr Leben. Fast ebenso viele Soldaten wurden vermisst oder als Gefangene ver-

schleppt. In den Gedenkstätten rund um Verdun wird die Erinnerung in Gedenkfeiern wach gehalten.

Paris

Natürlich sollte man Eiffelturm und Notre-Dame gesehen und dem Louvre seine Aufwartung gemacht haben, sollte über die Champs-Elysées promenieren und die Oase Jardin du Luxembourg besuchen. Aber genauso muss man einfach nur »la vie parisienne« genossen haben, das prickelnde Leben in den Straßen der Stadt.
Man sollte mit Parisern geplaudert haben und über die urigen Märkte in den Quartiers Montmartre, Montparnasse oder das bezaubernde Quartier Latin geschlendert sein. Wahrscheinlich ergeht es jedem so: Auch wenn er eine Woche Zeit hatte, die Stadt zu erkunden und ihre Menschen zu erleben, bleibt am Ende doch das Gefühl, nur einen Bruchteil der Metropole gesehen zu haben

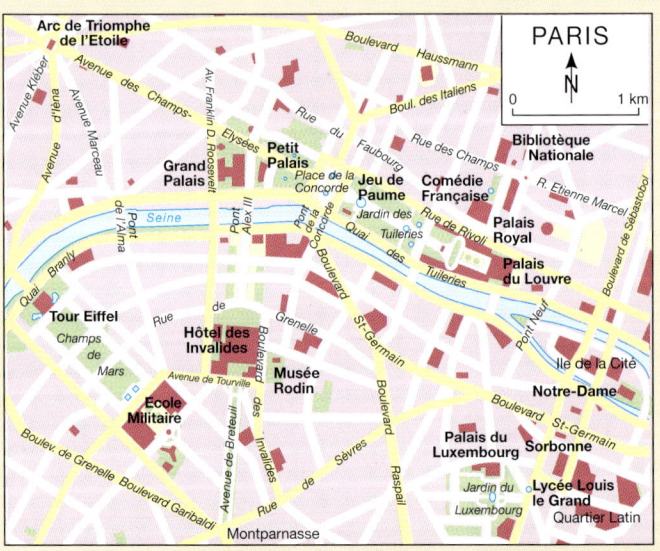

Im Wald von Fontainebleau

Bereits Louis VII. ging hier gerne zur Jagd, und auch spätere französische Könige liebten diesen Ort, der zeitweise Mittelpunkt des höfischen Lebens war. Louis XIV. richtete im Renaissanceschloss, das von François I. im 16. Jahrhundert erbaut wurde, Gemächer für seine Mätresse Marquise de Maintenon ein und ließ einen herrlichen Park anlegen. dass der Adel sich hier jahrhundertelang traf, um den Bewohnern des Waldes den Garaus zu machen, liegt am Forêt de Fontainebleau. Diese rund 20 Quadratkilometer große hügelige Waldlandschaft gilt wegen ihrer abwechslungsreichen geologischen Beschaffenheit und der botanischen Vielfalt als der schönste Wald in Frankreich. Und damals wie heute scheint genügend Platz zu sein, für Mensch wie für Tier. Am Wochenende bevölkern die Pariser dieses Kleinod, überall trifft man auf Wanderer, Radfahrer und Jogger. Unglücklicherweise wurden einige der uralten Baumriesen Opfer des verheerenden Sturms im Winter 1999/2000.

Entfernungen

km		
	Straßburg	1142
	152 km	
152	**Nancy**	990
	123 km	
275	**Verdun**	867
	125 km	
400	**Reims**	742
	159 km	
559	**Paris**	583
	117 km	
676	**Sens**	466
	201 km	
877	**Langres**	265
	104 km	
981	**Epinal**	161
	94 km	
1075	**Colmar**	67
	67 km	
1142	**Straßburg**	km

und unbedingt wiederkommen zu wollen. Diese Erkenntnis haben auch alle, die Paris nur als kurze Stippvisite auf der Durchreise besucht haben: Sie wollen noch mehr ...

Vogesen

Die sanfte und harmonische Berglandschaft ist das Pendant zum Schwarzwald auf der anderen Seite der Rheinebene mit dem Fluss, der das einst zusammenhängende Gebirge heute teilt. Ein Netz von Wanderwegen führt durch herrliche einsame Landschaften, und wer Burgen und Schlösser liebt, sollte im Osten der Vogesen unterwegs sein (für Durstige ist hier der Weg in die Weinberge des Elsass auch nicht so weit).

Vor allem die im 12. Jahrhundert von den Hohenstaufen gebaute Hochkönigsburg auf 755 Metern Höhe ist unbedingt einen Besuch wert.

TIPPS FÜR UNTERWEGS

Einen Überblick über die Rolle der Stadt Verdun in den Kriegen des 20. Jahrhunderts bietet das 1994 eröffnete »Weltzentrum des Friedens«, das im Bischofspalast untergebracht ist.

Champagner allerorten, sowohl in den geschmackvollen Läden der Altstadt von Reims als auch in den Weinhäusern mit den großen Namen wie Dom Pérignon, Taittinger oder Piper-Heidsieck. Wer sich vorher anmeldet, kann diese allerheiligsten Stätten der Schaumweinproduktion auch besichtigen.

Wenn Sie mit dem Auto ins Zentrum der Achtmillionen-Metropole Paris fahren möchten, sollten Sie stadterfahren sein und ausreichend Bargeld bei sich haben – die rar gesäten Parkplätze sind teuer, und die Polizei kennt bei Falschparkern absolut kein Pardon. Deshalb empfiehlt es sich, von Reims kommend in der östlichen Peripherie eine Herberge zu suchen und Paris per Métro zu erkunden. Die »Carte Musées et Monuments« (gültig ein bis drei Tage) beinhaltet den Eintritt für die wichtigsten

Museen und Sehenswürdigkeiten von Paris und muss nur ein einziges Mal gekauft werden, nämlich beim Office de Tourisme auf den Champs-Elysées oder direkt in einem der Museen.

Souvenirs

Champagner aus Reims, Pastete aus Burgund und Wein aus dem Elsass sind kulinarische Souvenirs der Region. Wer es sich leisten kann, wird einen Besuch in den Häusern der Haute Couture rund um den Faubourg-Saint-Honoré und die Avenue Montaigne machen und vielleicht eine modische Erinnerung aus Paris mit nach Hause nehmen.

Auch die »Grands Magasins« bieten alles, was das Herz begehrt: Mode, Parfum, Delikatessen. Wer Originelles sucht, wird auf Flohmärkten wie dem Marché aux Puces de Saint-Ouen nach Hausrat, Schmuck und Kleidern Ausschau halten. Vielleicht entdecken Sie bei einem Bouquinisten am Seine-Ufer auch eine bibliophile Rarität.

Genießen im Bistro »Aux Vieux Strasbourg«. links Einkaufsbummel durch Nancy. unten

Route 2
Île de France

Im Kronland der französischen Könige rund um Paris wurde die Nation gefestigt, hier residierten die Herrscher, vergnügten sich auf der Jagd und feierten rauschende Feste in ihren prachtvollen Landschlössern. Die Metropole Paris war und ist der unangefochtene Mittelpunkt der Grande Nation.

Die Kathedrale von Amiens übertrifft mit ihren gewaltigen Ausmaßen alle anderen gotischen Kirchenbauten in der Ile de France.

Im Land der französischen Könige

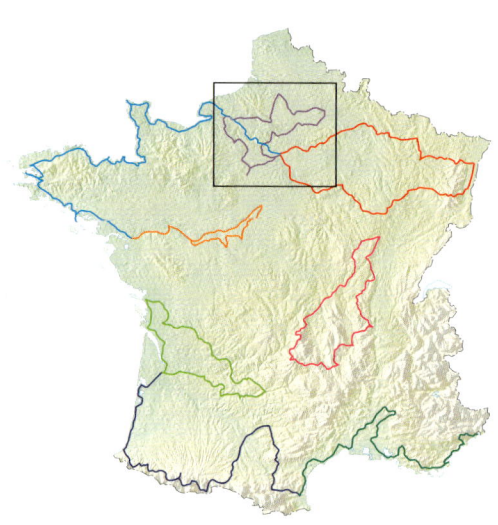

Spitze Türmchen ragen in den Himmel, hell fließt das Licht in alle Ecken und Kanten der himmelstürmenden Bauwerke und bringt die bunt schimmernden Glasfenster und Rosetten zum Leuchten. Die prächtigsten gotischen Kathedralen entstanden im Herzen Frankreichs, der Glanz der französischen Könige, die ihre Landschlösser erlesen ausschmückten, umstrahlt die Landschaft rund um Paris.

Am 14. Juli wird in ganz Frankreich der Nationalfeiertag zur Erinnerung an die Erstürmung der Bastille ausgelassen gefeiert. Die aufständischen Bürger von Compiègne halten die Trikolore hoch.

Die Reise führt in die Vergangenheit, 800 Jahre zurück. In der Architektur hat die Gotik Einzug gehalten, mehr oder weniger in allen Bauwerken, vor allem aber in den Gotteshäusern. Kirchen voller Skulpturen und Reliefs. Lichtdurchflutet, mit kunstvoll gearbeiteten Fenstern, viel Gottesfurcht und noch mehr Pracht. Und nicht in Paris steht das größte Gotteshaus, sondern auf dem Land: Die Kathedrale von Amiens ist doppelt so groß wie Notre-Dame in Paris.

Victor Hugo, der französische Dichter, lieferte die richtige Einstellung mit dem Satz: »Im Mittelalter hat das Menschengeschlecht nichts Wichtiges gedacht, was es nicht auch in Stein verewigt hat.«

Rund um Paris, in Saint-Denis und Chartres, in Amiens und Beauvais, stehen die schönsten gotischen Kathedralen, vier von mehr als einem Dutzend, die auf dieser Reise vorgestellt werden und deren Grundsteine alle innerhalb eines Jahrhunderts gelegt wurden, zwischen 1137, wie bei der Kathedrale von Saint-Denis, und 1225, als mit der Erbauung der Kathedrale von Saint-Pierre-de-Beauvais begonnen wurde – eine Zeitreise zurück ins Mittelalter, die sehr spannend werden kann.

Die Erfindung der Gotik. In einem einzigen Jahrhundert erlebte die Architektur die größte Revolution ihrer Geschichte: Aus den schwerfälligen dunklen Bauten der Romanik entwickelten sich, oft an denselben Orten, lichtdurchflutete Kirchenschiffe von bis dahin unerreichten Ausmaßen, vor allem in der Höhe. Drei Bauelemente, die zwar nicht neu erfunden, in den gotischen Kathedralen aber erstmals zusammengeführt wurden, waren die Voraussetzung des gotischen Stils. Der Spitzbogen verteilte das Gewicht der Mauern auf die Fenstersäulen und ermöglichte größere Fensteröffnungen. Kreuzrippen erlaubten eine große Spannweite der Gewölbe, mit Hilfe des Strebesystems konnten die enormen Schubkräfte der Gewölbe nach außen übertragen werden. Die Wand erscheint im Inneren papierdünn und durch die vielen farbigen Fenster fast durchscheinend.

Notre-Dame in Paris. Diese als Gotik bezeichnete Baukunst entstand in Frankreich, rund um Paris, und sie wurde beim Bau der Kathedrale von Saint-Denis das erste Mal eingesetzt. Über vier Jahrhunderte war die Gotik nicht zu verdrängen, immer gewagtere Kunstwerke entstanden, und erst die Bauweise der Renaissance löste sie ab. Aber was die architektonische Kühnheit anbelangt, war die französische Gotik unübertroffen. Mit derlei Grundwissen ausgestattet, wird man vielleicht die ab

Geschichte und Gegenwart sind im Schatten der überwältigenden Fassade der Kathedrale von Rouen harmonisch vereint.

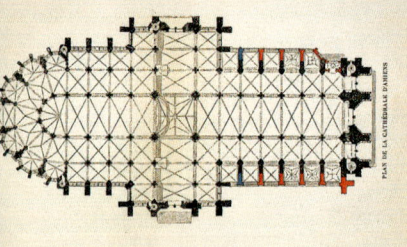

1163 erbaute Kathedrale Notre-Dame im Herzen von Paris in einem anderen Licht sehen.

Es verwundert nicht, dass eine der sagenumwobensten Gestalten von Paris hier ihr Zuhause hatte. Der Glöckner von Notre-Dame wusste offensichtlich die Anmut des Bauwerkes und seine prachtvolle Lage zu schätzen. Seit acht Jahrhunderten thront sie mitten auf einer Seine-Insel, diese majestätische und erhabene »Symphonie aus Stein«, wie Victor Hugo das Bauwerk beschrieb. Mit rund neun Millionen Besuchern pro Jahr gehört Notre-Dame zu den meistbesuchten Denkmälern der Welt. Egal, von welcher Seite man sich der mehr als 130 Meter langen und fast 50 Meter breiten Kirche nähert – man kann sich nur schwer ihrer Faszination entziehen. Man sollte diese Stimmung auch im Innern auf sich wirken lassen, muss die drei Rosetten in tausend Farben im Querschiff und an der Westfassade betrachten und dann den Südturm besteigen, von wo aus eine 15 000 Kilogramm schwere Glocke manchen Pariser aus sanften Träumen reißt. Die Aussicht auf das Herz der Stadt ist faszinierend. Doch nicht hier, sondern etwas außerhalb des Stadtzentrums ist der Ort, wo Frankreichs Könige ihre letzte Ruhestätte fanden. Neunundsiebzig Grabmale

zieren das Innere der Kathedrale von Saint-Denis, dem ersten gotischen Monumentalbau Frankreichs. Feine Säulen und kunstvolle Glasfenster lösen die Schwere der Rundbögen und Gewölbe in den romanischen Kirchen ab, und hier wurden die ersten Kreuzrippengewölbe im Chor einer Kathedrale verwirklicht.

Chartres. Der kürzeste Weg nach Chartres führt über die westliche Stadtautobahn und die A10 und A11. Man kann sie schon von weitem erkennen, die Kathedrale von Chartres, ein Meisterwerk der Architektur und Bildhauerkunst, das majestätisch auf einer Anhöhe über der Stadt thront. Zahlreiche Statuen aus einem Vorgängerbau zieren das berühmte Königsportal der nach einem Brand 1194 in relativ kurzer Zeit neu erbauten Kathedrale. Im Jahr 1260 fand ihre Weihe statt. Der Höhepunkt des Kirchenbesuchs sind allerdings die unver-

> »Es war die Zeit, … in der der Kreuzzug gegen die Albigenser im Namen des rechten Glaubens den Süden Frankreichs in Blut tränkte, während die Kathedralen Bogen um Bogen gegen den Himmel strebten, Triumphe von Kreativität, Technologie und Glauben.«
> Barbara Tuchman, Der ferne Spiegel, 1978

Deftig geht es am Markt zu. oben
Was früher die Remise mit ihren Kutschen und Sänften war, ist heute das Automuseum in Schloss Compiègne. Mitte
Grundriss der Kathedrale von Amiens, einem Musterbau der französischen Gotik. unten
Die fast militärische Strenge der Säulen täuscht, denn in Compiègne wurden rauschende Feste gefeiert. rechts

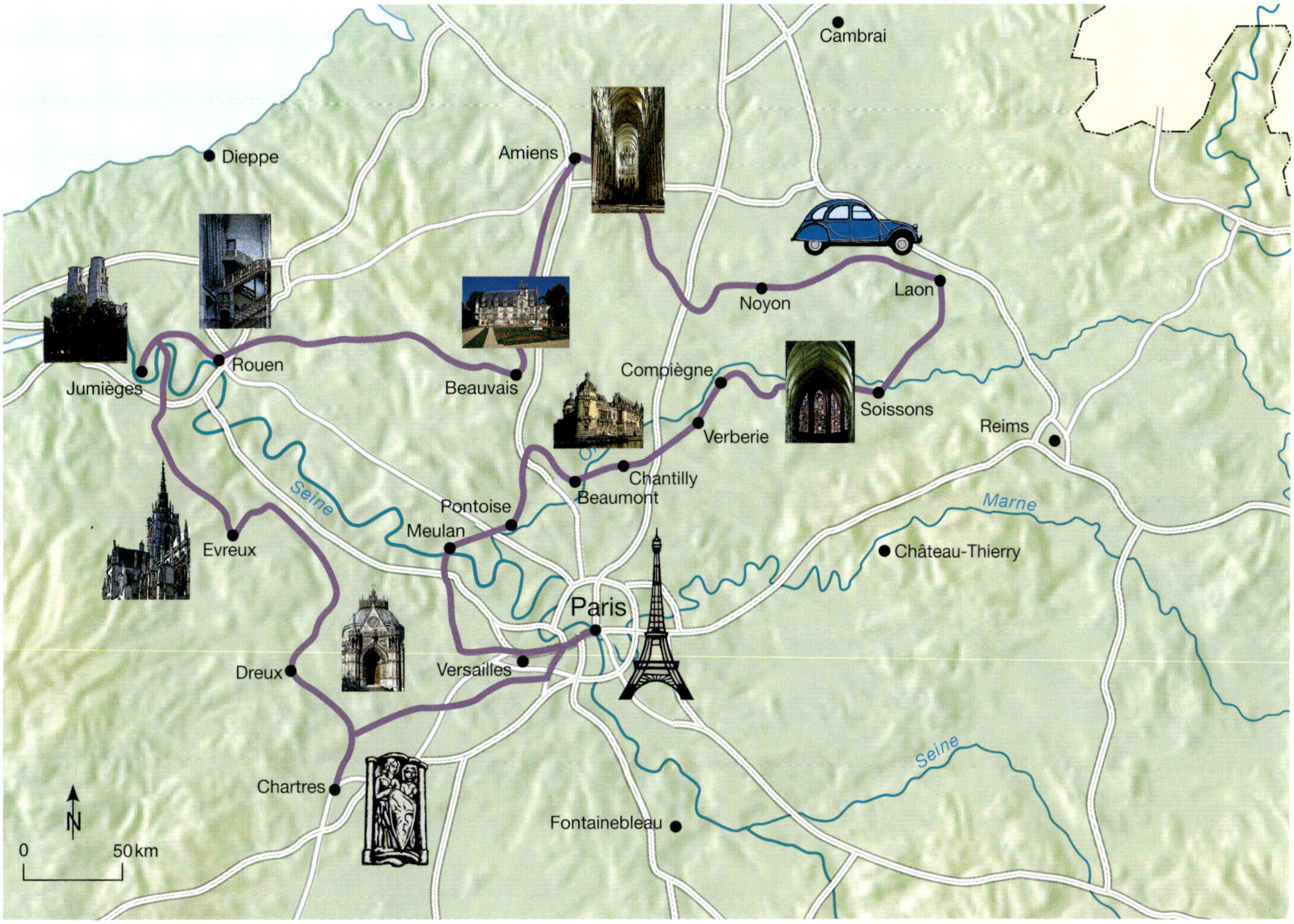

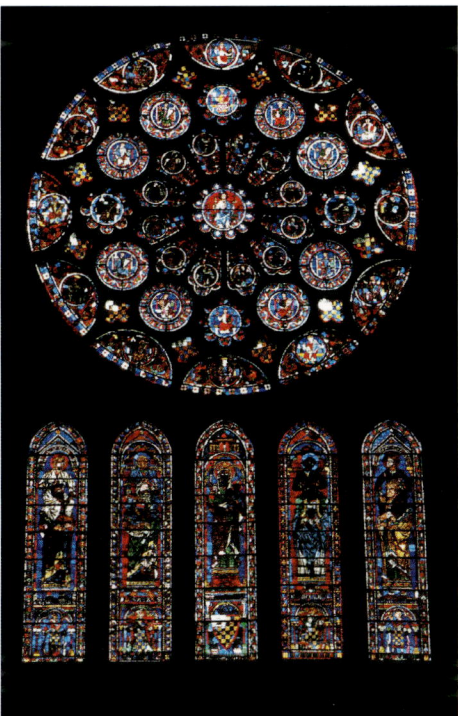

gleichlichen Fenster von insgesamt rund 2000 Quadratmetern Fläche: Sie stammen alle noch aus dem 12. und 13. Jahrhundert und schildern in tausenden von oft naiven Szenen heilige Geschichten genauso wie das tägliche Leben im Mittelalter.

Die kleine Départemental 18 führt an der Eure entlang nach Evreux, der Hauptstadt des Département Eure. Vergleicht man die Kathedrale von Evreux mit den anderen architektonischen Meisterwerken der Gotik, wird sie sich nur schwer behaupten können. Ein Stopp lohnt, um sich die schönen Fenster und Skulpturen rund um das Nordportal anzuschauen.

Rouen. Statt auf direktem Weg über die Nationalstraße nach Rouen zu gelangen, könnte man auch auf mehreren kleinen Départemental-Straßen die Seine ansteuern und dann weiter in die Stadt mit dem höchsten Kirchturm Frankreichs fahren,

Kostbar leuchten die Farben der Fensterrose in Chartres. links
Ein unvergleichlicher Standort, reich verzierte Fassaden und lichtdurchflutete Innenräume: Notre-Dame in Paris ist eine Perle der Gotik.
oben

Le Neubourg in der Normandie. oben
Rouen ist eine Stadt für Genießer: die Rue der Gros Horloge rechts und der Markt unten.
Nichts auf der Welt kann mit Dimension und verschwenderischem Prunk von Schloss Versailles konkurrieren. großes Bild

dem 156 Meter hohen Vierungsturm von Notre-Dame. Rouens Kathedrale hat viel durchgemacht im Lauf der Jahrhunderte. Zuletzt haben ihr noch die Bomben des Zweiten Weltkrieges zugesetzt, und so würde vermutlich Claude Monet »seine« Fassade kaum noch wieder erkennen, die er häufig gemalt hat. Das Innere der Kathedrale kennzeichnen stilistische Unterschiede: Die ursprüngliche Gotik aus dem 12. Jahrhundert zum Beispiel hat sich im Kirchenschiff mit den vierstöckigen Bögen erhalten, während der zarte und elegante Chor charakteristisch für die Bauweise des späten 13. und das Hauptportal für jene des 16. Jahrhunderts ist.

Beauvais – die Grenze des Möglichen.

Rund 80 Kilometer westlich von Rouen liegt Beauvais, der Inbegriff einer Epoche, die am Ende immer höher, größer und

Euro Disney

Eine gute halbe Zugstunde östlich von der Pariser Innenstadt liegt das Disneyland Paris. Kaum vorstellbare Summen wurden in die Idee investiert, mit abenteuerlichen Fahrgeschäften und architektonischen Nachbauten Besucher anzulocken, und trotz horrender Eintrittspreise ist das Spektakel während der Sommermonate regelmäßig so voll, dass man mit einer halben Stunde Wartezeit vor den Attraktionen noch gut bedient ist. Anstehen heißt ohnehin die Devise vor jedem Spaß. Disney-Freaks sehen das gelassen. Nervenkitzel, Herzflattern, da nimmt man das Warten doch gerne in Kauf, um noch mal auf die Achterbahn zu kommen oder die halsbrecherische Fahrt auf dem Floß zu wagen. Oder um mit Trappern, Indianern und Piraten gemeinsame Sache zu machen. Und Papa erfüllt sich endlich seinen Lebenstraum: einmal Astronaut zu sein, bei einem virtuellen Flug ins All.

schöner bauen wollte. Der Bischof von Beauvais musste im 13. Jahrhundert seinen Traum begraben, die größte Kirche der Christenheit zu errichten. Nur kurze Zeit hielten die Stützen des Chores der gewaltigen Belastung durch das Streben nach Schwindel erregenden Höhen stand, dann brach 1284 alles in sich zusammen. Dem Vierungsturm erging es nicht viel anders: Über 150 Meter ragte der um 1500 begonnene Turm in den Himmel, dann stürzte er 1537 ein. Was blieb, sind der Chor und das Querschiff mit 48,5 Metern Höhe – das höchste Gewölbe auf der Erde. Man muss sich schon leicht verrenken, um den Stütz- und Strebepfeilern, den Spitzbogenfenstern und den Gewölben mit dem Blick zu folgen – insgesamt ist die Ruine von Beauvais das beste Beispiel für die himmelwärts strebenden Ambitionen und die technischen Errungenschaften der Gotik – auch wenn ihre Baumeister an den beschränkten Möglichkeiten der Materie gescheitert sind.

Amiens. Schon zu den Zeiten der Römer war Amiens ein Dreh- und Angelpunkt für den römischen Handel mit dem Norden. Die Hauptstadt der Region Picardie liegt 140 Kilometer nördlich von Paris, wo sich alle Wege, die von den Benelux-Staaten, von Großbritannien und Deutschland in die französische Metropole führen, treffen. Im Zweiten Weltkrieg wurde die Stadt fast vollständig zerstört, und so grenzt es an ein Wunder, dass die größte gotische Kathedrale Frankreichs mit einer Fläche von 7700 Quadratmetern fast unversehrt blieb. Kaum zu glauben ist auch, dass die Architekten, Handwerker und Künstler nur vergleichsweise kurze Zeit brauchten, um dieses gewaltige Bauwerk Mitte des 13. Jahrhunderts zu errichten: Im Jahr 1220 wurde der Bau begonnen, spätestens 1288 war er bereits vollendet. Meisterhafte Statuen, die häufig Szenen aus dem Alten und Neuen Testament darstellen, schmücken die Portale an der Westfassade, in mehr als 42 Metern Höhe scheint das Kreuzrippengewölbe des Kirchenschiffes fast zu schweben. Fortsetzung Seite 54

Königsmacht manifestierte sich in architektonischer Pracht ebenso wie der Glaube: die Ruine von Jumièges oben, Schloss Rambouillet Mitte oben, Chartres Mitte unten und unten.

49

Die majestätische
Kathedrale von
Amiens wurde zum
Vorbild des Kölner
Doms.

Eine Welt aus Kunst:
der Louvre

Die Glaspyramide von Ieoh Ming Pei markiert den Eingang ins Kunstreich. oben und unten
Eine Schatzkammer antiker Kunst: der Louvre. Mitte und großes Bild

Auch wer bis dato noch nie ein Museum von innen gesehen hat – im Louvre waren sie alle. Paris besucht zu haben ohne vom Lächeln der Mona Lisa Leonardo da Vincis gefangen genommen oder den grazilen Rundungen der Venus von Milo erlegen zu sein – das ist geradezu undenkbar.

Wer diese zeitlosen Meisterwerke der Kunst erleben will, muss früh auf- und zeitig an den Kassenhäuschen anstehen, um sich dann doch irgendwann in die Schlange der Wartenden einzureihen. Ein solch durchdringendes Lächeln und ein geradezu perfekt modellierter Venuskörper haben halt ihren Preis.

Dabei hat das Museum im Louvre weit mehr zu bieten als die weithin bekannten Highlights, mit Namen, die selbst weniger Kulturbeflissenen auf der Zunge zergehen: Michelangelo, El Greco, Dürer, Rembrandt – wo sollte man anfangen, wo aufhören?

Im Louvre hängt die Kultur dieser Welt. Mehr als 30 000 Bilder, Statuen und Kunstgegenstände sind in dem gewaltigen Museumskomplex auf über 70 000 Quadratmetern untergebracht.

Wer angesichts solcher Fülle nicht mehr weiß, wo er anfangen soll, dem bietet der multimediale Orientierungsplan am Eingang in der 1989 eingeweihten Glaspyramide Hilfe.

Diese gewagte, 22 Meter hohe Konstruktion des amerikanisch-chinesischen Architekten Ieoh Ming Pei verbindet auf überaus elegante Weise die Neuzeit mit den ursprünglichen Palästen rund um den Cours Napoléon. François I. hatte im 16. Jahrhundert eine erste bescheidene Sammlung angelegt, aber es waren Napoleon I., später Napoleon III., die die seit dem Mittelalter ständig erweiterten Bauten restaurieren ließen und somit den

Grundstein für diese großartige Sammlung legten.

Heute ist das künstlerische Inventar des Louvre mit den angrenzenden Musées des Arts Décoratifs und des Arts de la Mode in folgende Abteilungen gegliedert: Orientalische, griechische und römische Altertümer, europäsche Malerei zwischen dem

14. und 19. Jahrhundert, grafische Künste, Skulpturen vom Mittelalter bis zum 19. Jahrhundert, Möbel, Kunstgegenstände und zeitgenössische Mode, wo allerhand edelster Zwirn von renommierten Modeschöpfern ausgestellt ist.

Es ist in der Tat unmöglich, alle Ausstellungsstücke von der Antike bis in die Gegenwart aufzuzählen, die der Besucher eigentlich gesehen haben müsste; zwei Sektionen sollten für einen Tag genügen – wer mehr sehen will, muss eben wiederkommen.

Und vielleicht ist ja irgendwann einmal jemand – nach ausgiebiger Betrachtung – in der Lage, Mona Lisas rätselhaftes Lächeln zu entschlüsseln ...

Schon früh wurden im Louvre Kunstschätze gesammelt, die in der Grande Galerie zu Beginn des 18. Jahrhunderts ausgestellt waren. oben

Königsschloss (aus dem »Stundenbuch« des Jean de Berry, 15. Jahrhundert. unten

Mit großen Augen bewundert man einen Teil der fast 4000 Holzfiguren des Chorgestühls im gotischen Flamboyant-Stil, Szenen einer »Bibel aus Holz«. Wen wundert es da noch, dass Notre-Dame d'Amiens 1981 von der UNESCO in die Reihe der fünfzig wichtigsten Baudenkmäler der Welt aufgenommen wurde?
Nach so viel Größe und Erhabenheit sollte man sich jetzt eine Pause gönnen und die Fahrt nach Noyon nicht über die Schnellstraße angehen, sondern auf der D935 am Fluss Aronde entlang fahren und in die D938 einbiegen, um mit kleinen Umwegen schließlich in der Stadt anzukommen, in der Karl der Große 768 zum König von Neustrien gekrönt wurde. Wer mag, kann die frühgotische Kathedrale Notre-Dame besichtigen, doch scheint ein Besuch der Altstadt mit dem Renaissance-Rathaus und dem Geburtshaus des Reformators Jean Calvin lohnender.

Laon – Ausflug ins Mittelalter. Mit der Fahrt ins östlich gelegene Laon beginnt eine Reise ins Mittelalter. Die gesamte Innenstadt innerhalb der 7 Kilometer langen Stadtmauer scheint ein einziges großes Freilichtmuseum zu sein. Und mittendrin die Kathedrale, ebenfalls mit dem Namen Notre-Dame. Ihre harmonische Westfassade und die beiden Seitentürme

Kaum eine Stadt ohne Kathedrale wie in Laon oben, kein Schloss ohne Kapelle (Chantilly, großes Bild): Religion prägte das Land und seine Herrscher (Mitte und unten) und zerriss es zuweilen in erbitterter Feindschaft. In der Bartholomäusnacht von 1572 eskalierten Glaubenseifer und Wille zur Macht in einem blutigen Massaker an den Hugenotten.

gelten als perfektes Beispiel frühgotischer Architektur. Es lohnt sich, entlang der Türme einen Blick in den Himmel zu werfen: Zwischen den Säulen im oberen Turmabschnitt linsen 16 steinerne Ochsen hervor – den geduldigen Arbeitstieren, die mühevoll die schweren Quader vom Steinbruch hierher schafften, wird so Referenz erwiesen.

Überaus reizvoll ist im Innern vor allem das Spiel des Lichtes, das durch die kunstvoll bemalten Fenster und Rosetten fällt. Und genau dies ist auch der Grund, warum man der Kathedrale Saint-Gervais-et-Saint-Protais im nahe gelegenen Soissons einen Besuch abstatten sollte: Die

Rose mit den herrlichen Glasmalereien aus dem 15. Jahrhundert am nördlichen Querschiff ist zweifellos die Besonderheit dieses Gotteshauses.

Im Wald von Compiègne. Aber vielleicht hat man nach den Begegnungen mit dem Mittelalter doch eher Lust auf das Soissonais. Diese sehr ländliche Gegend rund um die 30 000 Einwohner zählende Stadt Soissons mit ihren kleinen Dörfern, Wald, Feld und Wiesen ist ein erholsames Erlebnis. Davon profitierten auch schon die Könige seit den Zeiten Karls des Kahlen, die das nahe gelegene Compiègne mit seinem riesigen Wald berühmt machten. Statt zu regieren verbrachte Napoleon III. den Herbst mit seiner Eugénie auf dem Schloss, das für Louis XV. neu erbaut worden war. Luxuriös ging es zu auf der Jagd, bei den Bällen und Konzerten. Es war freilich nicht zum Schaden von Compiègne, das sich stolz als »königliche und kaiserliche Stadt« bezeichnen darf.

Über Chantilly nach Versailles. Etwa 40 Kilometer nördlich von Paris residierten im 17. und 18. Jahrhundert die Fürsten von Bourbon-Condé. Im Grand Château aus dem 19. Jahrhundert ist eine sehenswerte Gemäldegalerie untergebracht. Über Pontoise und Meulan, wo unverkennbar der Speckgürtel der Hauptstadt beginnt, geht es weiter in südlicher Richtung, dem krönenden Abschluss dieser Reise rund um Paris entgegen, nach Versailles.

Die riesigen Ausmaße des ehemaligen Jagdschlosses von Louis XIII. sind praktisch unfassbar: Nach und nach wurde das Anwesen von Sonnenkönig Louis XIV. erweitert, und schließlich waren mehr als 30 000 Menschen mit 6000 Pferden fast rund um die Uhr damit beschäftigt, die größenwahnsinnigen Vorstellungen des Königs in die Tat umzusetzen. Überall Pracht und Glanz. Ein fast unwirklich anmutendes Anwesen, wo in den besten Tagen 20 000 Menschen lebten. Wen wundert es da, dass das darbende Volk irgendwann auf die Barrikaden ging. Die Revolution folgte auf dem Fuß.

Prächtig genug konnten sie gar nicht sein, die Klöster und Kirchen der Ile de France und in Frankreichs Norden, die die Spuren vieler bewegter Jahrhunderte tragen: Saint-Leger in Soissons Mitte, Saint-Etienne in Beauvais oben zeigen, wie ideenreich und innovativ die Baumeister waren.

Viele Stile und doch Harmonie: Conches-en-Ouche in der Normandie. unten

Planen und erleben ...

DIE HIGHLIGHTS

Île de France

Unter Nichtfranzosen kann der Begriff zu Missverständnissen führen, denn mit der »Île« ist keine Insel im eigentlichen Sinn gemeint, sondern die so genannte Kernlandschaft Frankreichs rund um Paris. Es wird viel Landwirtschaft betrieben, aber im Vordergrund stehen die endlosen Wälder, wie geschaffen für die Jagd, damals – zu Zeiten der Könige – wie heute, nur dass in unseren Tagen die Jäger auch mit den starken Gegnern der Jagd kämpfen müssen. Dagegen ist das Bogenschießen, das hier ebenfalls eine große Tradition hat, unumstritten. Die Île de France dient den Parisern als Naherholungsgebiet, während die Touristen mehr mit den zahlreichen Schlössern und Kathedralen dieser geschichtsträchtigen Landschaft beschäftigt sind.

Amiens

Auch wenn die Kathedrale Notre-Dame die Besucher in ihren Bann zieht, hat das kleine »Venedig des Nordens« doch mehr zu bieten. So wird die Stadt wegen ihres wasserdurchfluteten »Quartier Saint-Leu« genannt, das im Mittelalter das Viertel der Weber, Färber und Gerber war. Heute spielt sich in den Bars, Restaurants und Boutiquen dieses bunten Quartiers das Leben der Stadt ab. Und direkt vor der Haustür beginnt die städtische Landwirtschaft. In diesen schwimmenden Gärten wird alles angebaut, was gesund ist. Boote sind zu mieten, denn eine Fahrt durch Sumpfdotterblumen und Lauchstauden, an Salat- und Kräuterbeeten vorbei lohnt sich auf jeden Fall. Samstags ist der Marché sur l'Eau (der Markt auf dem Wasser) ein farbenprächtiges Erlebnis.

Picardie

Die Picardie mit der Hauptstadt Amiens liegt nördlich von Paris und erstreckt sich von der Somme-Bucht bis zur Champagne im Marnetal. Weitläufige Landschaften, viel Wald und natürlich das Meer haben diese Landschaft zu einem der bevorzugten Urlaubsgebiete französischer Familien werden lassen. Die Picardie gilt als die Wiege der Gotik mit ihren Kathedralen zwischen Amiens und Laon. Aber auch für Freunde von kunstvollen Gärten und Parks hat die Picardie jede Menge Abwechslung zu bieten.

Parks und Gärten

In den Ruinen der Zisterzienserabtei Vauclair befindet sich ein romantischer Kräuter- und Obstgarten. Besonders hübsch wirkt der Obstgarten zur Zeit der Apfelblüte.

Largny-sur-l'Automne besitzt einen Park mit alten Bäumen und eine prächtige Kastanienallee.

Im ornithologischen Park Marquenterre, einem gut zwei Quadratkilometer großen Vogelschutzgebiet, kann man auch prima entspannen.

In dem Ort Giverny, westlich von Paris, lebte Claude Monet bis zu seinem Tod. Das Haus und der oft von ihm gemalte Garten sind ein wahres Kleinod. Hier fand Monet auch die Motive für die späten Seerosenbilder und die japanische Brücke.

Wer sich in die Parkanlagen von Versailles verliebt hat, wird das Schloss von Versigny besuchen müssen – der dazugehörige Park wurde ebenfalls vom königlichen Gartenarchitekten André Le Nôtre entworfen.

Maintenon

Louis XIV. schenkte seiner Mätresse nicht nur den Titel

Ein früheres Gerberviertel – das »Quartier Saint-Leu« von Amiens. *oben*

Ein appetitanregender Pastis kann nie schaden: in Conches-en-Ouche. *Mitte*

Majestätisch streng wirkt die Kathedrale von Evreux. *unten*

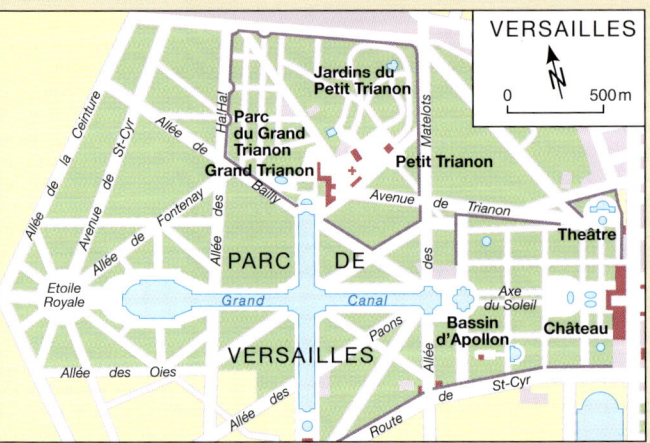

Museen der Ile de France

Musée de l'Amicale Jean Baptiste Salis in Cerny. Ein Luftfahrts-
museum der Extraklasse. Hier ist die gesamte Geschichte, Gegenwart
und sogar die Zukunft der europäischen Raumfahrt ausgestellt.

Museum von Saint-Denis. Interessantes zur Stadtgeschichte, zum
Karmeliterorden und der Pariser Gemeinde von 1871.

Château d'Auvers in Auvers-sur-Oise. Die Geschichte des Impressionismus wird hier mit Hilfe multimedialer Technik lebendig.

Musée des Transports Urbains in Saint Marate. Knapp hundert historische Verkehrsmittel wurden aufpoliert. Anfassen erlaubt.

Musée Nationale de la Renaissance. Das Château d'Ecouen, zwischen
Saint-Denis und Royaumont gelegen, bietet den stilechten Rahmen
für eine erlesene Sammlung von Gobelins, Truhen, Uhren und
Gemälden.

Château de Malmaison. Nach ihrer Scheidung von Napoleon züchte-
te Josephine hier Rosen. Viele Erinnerungsstücke ans Empire.

Entfernungen

km		
	Paris	827
	104 km	
104	**Chartres**	723
	114 km	
218	**Evreux**	609
	109 km	
327	**Rouen**	500
	80 km	
407	**Beauvais**	420
	55 km	
462	**Amiens**	365
	139 km	
601	**Laon**	226
	36 km	
637	**Soissons**	190
	38 km	
675	**Compiègne**	152
	37 km	
712	**Chantilly**	115
	115 km	
827	**Versailles**	km

der Marquise von Maintenon,
sondern ein hübsches Schlöss-
chen dazu. Im Garten sind
noch die unvollendeten Reste
eines Aquädukts zu sehen, das
des Königs Festungsarchitekt
Vauban bauen ließ, um die
Gärten von Versailles mit dem
Wasser der Eure zu versorgen.
Leider funktionierte das Projekt
nicht und wurde bald aufgege-
ben.

Versailles
Versailles ist – um es mit dem
angelsächsischen Begriff zu
umschreiben – ein »must-
see«, man muss das Traum-
schloss des Sonnenkönigs
Louis XIV. einfach gesehen
haben. Interessante (und für
Besucher notwendige) Literatur
gibt es zu Genüge darüber,
deshalb an dieser Stelle einige
Zahlen: Rund 30 000 Arbeiter
bauten die Schlossanlagen, die
von den Architekten Louis Le
Vau und Jules Hardouin-Mans-
art sowie dem Gartenplaner
André Le Nôtre gestaltet wur-

den; die Kosten betrugen insgesamt 500 Millionen Gold-
franken (und trieben die
Staatsfinanzen in den Ruin);
das Schloss ist 580 Meter lang,
der berühmte Spiegelsaal mit
seinen 17 großen Spiegeln ist
73 Meter lang, mehr als 10
Meter breit und 12 Meter hoch;
der Grand Canal, auf dem früher Gondeln fuhren, ist fast
1,6 Kilometer lang; über drei
Millionen Menschen besuchen
jährlich das Schloss und seine
Gärten.

TIPPS FÜR UNTERWEGS
Es ist unmöglich, sich vom
Schloss und den Parkanlagen
von Versailles an einem Tag ein
Bild zu machen. Wer Versailles
kennen und lieben lernen
möchte, sollte das Besuchs-
programm für eine der begehr-
testen Sehenswürdigkeiten
Europas mindestens auf zwei
Tage ausdehnen. Gerade in
den Ferien ist der Andrang
gewaltig, und je später man

kommt, desto längere Warte-
zeiten sind einzuplanen. Auch
wenn man sich einer Führung
anschließt, ist es empfehlenswert, schon vorher Informatio-
nen über alles Sehenswerte
und die Geschichte der Anlage
gesammelt zu haben – sonst
kann das Schloss mit seinen
gigantischen Dimensionen und
seiner Fülle an kostbaren
Kunstwerken einen förmlich
erschlagen.

Souvenirs
Bei einer Rundreise zu den
romanischen Kirchen, gotischen Kathedralen und Renais-
sance- und Barockschlössern
der Ile de France entdecken Sie
sicher die eine oder andere
Erinnerung an die Fahrt, sei es
ein Bildband über die Kunst
der Kathedralen, eine Rose aus
der Schlossgärtnerei oder ein
Plakat nach Claude Monets
Seerosen von Giverny. Die
Museumsshops der zahlrei-
chen Museen der Region bieten oft originelle Souvenirs.
Ein traditionsreiches Erzeugnis
der Ile de France ist das Sèv-
res-Porzellan, das für seine
Haltbarkeit und die leuchten-
den Farben berühmt ist. Im
Jahr 1756 eröffneten König
Louis XV. und seine praktisch
veranlagte Mätresse Madame
de Pompadour eine Porzellan-
Manufaktur, die all die Schlösser und Residenzen mit
Geschirr versorgte.

Von der Abbaye de Jumi-
èges haben schöne
Details die Zeiten über-
dauert. links oben
Sonnenuhr der Kathedra-
le von Chartres. unten

Route **3**

Zwischen Paris und Nantes

Die Normandie – das sind nicht nur Äpfel, Calvados und Camenbert, sondern auch schroffe Steilküsten, invasionserprobte Sandstrände und Wunder der Gotik. Und die Bretagne bietet beinahe 1800 Küstenkilometer voller bretonischer Eigenheiten und Spuren der Vorzeit. Eine Reise ins wildeste Frankreich an der Grenze von Land und Meer.

Wagemutiger Entdeckergeist und gefährliche Gier nach Reichtum und Abenteuer: In Saint-Malo waren christliche Seefahrer und Piraten zu Hause.

An der rauen Küste des Nordens

Schroffe Felsen, das Rauschen des Meeres, tobender Sturm – an Frankreichs zerklüfteter Nordwestküste walten die Kräfte der Urzeit. Hier ist der Horizont weit über der fruchtbaren Ebene, hängt der Himmel tief über den heidebewachsenen baumlosen Hügeln. Die melancholische Landschaft bleibt unvergesslich, endlose Sandstrände locken immer wieder ins Land der Menhire und Dolmen.

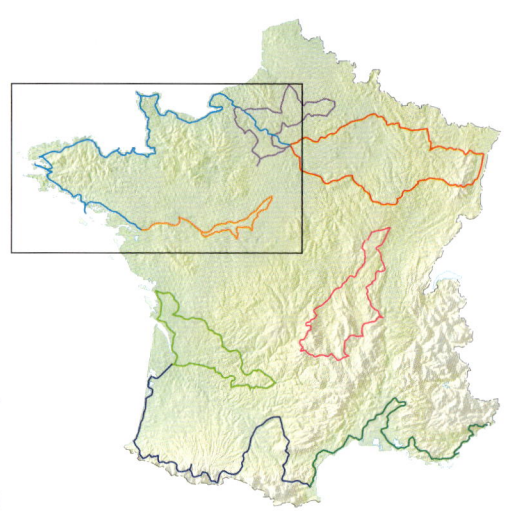

In ihrer überaus reich bestickten, mit kostbaren Spitzen geschmückten Landestracht feiert diese junge Bretonin beim Festival der Kelten in Lorient.

Wer im Sommer am Wochenende ans Meer irgendwo zwischen Le Havre und Le Touquet aufbricht, sollte es machen wie die Hauptstädter: den Verkehrsfunk hören, die beliebteste Radiosendung am Freitagnachmittag. Sonst könnte es leicht passieren, dass man im Stau stecken bleibt: Denn die Küsten der Normandie sind die »Badewanne« der Pariser, hierher zieht es die Menschen am Wochenende in Massen zum Baden, Faulenzen und Entspannen. Aber natürlich ist Baden nicht das Einzige, was an den Atlantik lockt, denn hier gibt es wahrlich viel Natur und Kunst zu entdecken.

Kathedrale von Rouen. Auf der Fahrt an die Küste ist Rouen einen Stopp wert. Viele kommen hierher wegen eines Meisterwerks der Gotik, der atemberaubenden Kathedrale Notre-Dame mit dem Grabmal von Richard Löwenherz. Andere zieht es in das akribisch restaurierte Zentrum, das im Zweiten Weltkrieg fast komplett zerstört wurde. Und wieder andere besuchen die größte Stadt der Normandie wegen ihrer zahlreichen Museen; vor allem das Keramikmuseum sucht seinesgleichen in Frankreich. Schon zu Zeiten der Wikinger hatte der Hafen von Rouen eine wichtige strategische Bedeutung, die er auch heute noch nicht verloren hat: Bis hierher dürfen die großen Schiffe aus dem Atlantik die Seine hinauffahren; Rouen ist sozusagen der Seehafen der Hauptstadt. Unsere Route führt nun nach Norden, Richtung Fécamp.

An der Alabaster-Küste. Wie an einer Perlenkette reihen sich die Badeorte der Côte d'Albâtre aneinander, ein bisschen wurde die Gemütlichkeit dem Geschäft mit dem Tourismus geopfert. Schon Guy de Maupassant wusste das alte Seebad Fécamp zu schätzen und schrieb hier einige seiner Novellen. Manche unken allerdings, dass er vielmehr wegen der Benediktinermönche gerne immer wieder kam: Die destillierten nämlich bereits im 16. Jahrhundert einen Schnaps aus einheimischen und orientalischen Kräutern, den »Bénédictine« – auch heute noch ein in ganz Frankreich beliebter Likör. Wen es mit aller Macht nach Etretat zieht, der sollte besser nur mal kurz schnuppern an dem Hochprozentigen, um die Fahrt zu den Falaises nicht zu gefährden.

Bizarre Felsformationen. Es sind eben jene Kreidefelsen, die das hübsche Seebad Etretat berühmt gemacht haben. Zwischen dem 90 Meter hohen Felsen im Norden, der Falaise d'Amont, und der im Westen gelegenen Falaise d'Aval thront mitten im

Ginster und Heidekraut auf der baumlosen Ebene, bevor das Land steil zum Meer abfällt: Vom Cap Fréhel lässt sich die bretonische Küste überblicken.

Meer der 70 Meter hohe Kreidefelsen Aiguille d'Etretat. Am besten zu sehen vom über einen Kilometer langen Kiesstrand des Ortes, der im Juli und August eigentlich manchmal wegen Überfüllung geschlossen werden müsste, so viele kommen zum Staunen her. »La Porte Océane« wird Le Havre auch respektvoll genannt, aber viel mehr Aufmerksamkeit muss man Frankreichs zweitgrößtem Hafen auch nicht entgegenbringen.

Die 200 000 Einwohner zählende Stadt an der Seine-Mündung war nach dem Zweiten Weltkrieg fast komplett zerstört und wurde danach im Reißbrettmuster wieder aufgebaut. Modern, aber nüchtern plante der federführende Architekt Auguste Perret, ein Schüler Le Corbusiers, seine Stadt, die im Wesentlichen vom Hafen lebt. Hier

---

»Zunächst wanderte ich über die Pfade, die sich zwischen Kornfeldern hinschlängeln, ich schritt unter Apfelbäumen durch, ging die Hecken entlang ... Vor mir lag das Meer in tiefem Blau, verschwenderisch streute die Sonne darüber glitzernde Perlen, Feuerfurchen lagen über den Fluten.«
Gustave Flaubert, November, 1842

Im Finistère winkt das Anglerglück noch oft. oben
Leuchtturm bei Ploumanach. Mitte
Deauville – bis heute ein mondänes Seebad. unten
Im Land im Westen bläst der Wind stetig vom Meer her – mal sanft, mal stürmisch. Seine Kraft hält die Windmühlenflügel in Schwung. rechts

starten die Fähren nach England und Irland, und die Passagierschiffe brechen zu ihren Reisen in alle möglichen fernen Länder auf. Jeder, der sich also für Kais und Kräne, gewaltige Pötte und den Duft der großen weiten Welt interessiert, wird sicher mit Freuden eine Hafenrundfahrt machen; alle anderen Besucher werden aber direkt weiterfahren zur Brücke über die bis zu 8 Kilometer breite Seine-Mündung.

Im Jahr 1995 wurde die mit 2 Kilometern längste Brücke Frankreichs eingeweiht, die gegen Bezahlung einer Maut den Autofahrer in 215 Metern Höhe nach Honfleur bringt, an die Côte Fleurie.

Map labels

Cap de la Hague

Cherbourg · Barfleur

Dieppe · Amiens

Fécamp · Etretat

le Havre · Honfleur · Trouville · Deauville

Bayeux

Caen

Rouen

les Andelys

Evreux

Cap Fréhel

St-Malo · St-Cast

le Mont-St-Michel

Paris

Versailles

METROPOLITAIN

Alençon

Chartres

Rennes

Orléans

Seine

Oise

moutier

Nantes

Loire

0   50km

N

An der Blumenküste

An der Blumenküste. Und die Küste hält, was ihr lieblicher Name verspricht: Berühmte Maler des 19. Jahrhunderts schätzten ihre Reize und lebten zwischen Honfleur und Deauville. Hier ist die mondänste Ecke der Normandie, nicht unbedingt gedacht für Gäste mit kleinem Geldbeutel oder große Familien, und so gibt es nicht wenige, die zwar Deauville oder Trouville, den Bädern aus der »Belle Epoque«, zwar einen Besuch abstatten, aber eigentlich wegen der Küstenstraße gekommen sind: Es sind die D513 und die »Route de la Corniche« (D163), die grandiose Ausblicke aufs Meer bieten und auf der anderen Seite das typisch normannische Land-

leben präsentieren: Bauernhöfe mit fruchtbaren Feldern und Obstplantagen, so weit das Auge reicht. Um genau zu sein, handelt es sich um Apfelbäume. Denn seit das harmlose Erfrischungsgetränk Cidre und sein hochprozentiges Destillat, der Calvados, den Siegeszug um die Welt angetreten haben, sind immer mehr Landwirte Gewinn bringend unter die Obstgärtner gegangen. Was liegt also näher, als Caen, der Hauptstadt des Département Calvados, einen Besuch abzustatten? Die Industriestadt hatte sehr unter dem Bombenhagel und den Zerstörungen des Krieges zu leiden, ist aber rasch wieder aufgebaut worden und hat inzwischen zu neuer wirt-

In der Bretagne leben noch viele vom Fischfang, aber ihre Einnahmequelle wird immer wieder von Ölpest und anderen Umweltgiften bedroht.

Von der umstrittenen Atomaufbereitungsanlage am Cap de la Hague ist in den idyllischen Hafenstädtchen auf der Halbinsel Cotentin nichts zu ahnen. oben
In sanftem Meereslicht leuchtet Isigny-sur-Mer in der Normandie. unten
Die bizarren Felsen von Etretat – ein Naturwunder, das impressionistische Maler anlockte. großes Bild

schaftlicher Blüte gefunden. Cidre und Calvados nehmen ihren Weg zu den Endverbrauchern über den 1855 gebauten Caen-Kanal, der die direkte Verbindung mit dem 12 Kilometer entfernten Ärmelkanal darstellt. Der Weg hinauf zur Festungsanlage aus dem 11. Jahrhundert lohnt sich, denn der Blick auf die Dächer lässt erahnen, wie die Altstadt vor dem Krieg ausgesehen haben mag. Zu verdanken hat Caen die Festung Wilhelm dem Eroberer und seiner Gemahlin Mathilde, die beiden waren vernarrt in die Stadt und schenkten ihr außerdem noch zwei Abteien. Nicht wenige halten es für ein Wunder, dass sowohl die romanische Abteikirche La Trinité als auch die im Jahr 1066 im romanisch-normannischen Baustil errichtete Abtei Saint-Etienne von den verheerenden Bomben des Zweiten Weltkriegs verschont geblieben sind.

Der Teppich von Bayeux. Eine halbe Autostunde westlich von Caen liegt die Stadt, die als erste nach der Landung 1944 von den Alliierten befreit wurde. Freilich wären alleine schon die romantische Altstadt von Bayeux mit ihren zum Teil 400 Jahren alten Bürgerhäusern und die in normannischer Gotik im 11. Jahrhundert erbaute

Kathedrale Notre-Dame einen Besuch wert,
aber Bayeux hat etwas viel Wertvolleres zu
bieten: den Wandteppich der Königin
Mathilde – ein unglaubliches Meisterwerk,
auf das man sich durchaus mit der audio-
visuellen Einführung vorbereiten sollte.
Erst dann sind die 58 Szenen voller Figuren und Tiere zu verstehen, die auf einer
Gesamtlänge von 70 Metern in lateinischer
Sprache die Vorbereitungen und die Erobe-
rung Englands durch die Normannen im
Jahre 1066 schildern.

Vor langer Zeit war Cotentin eine Insel,
heute ragt das Stückchen Land als eine
Halbinsel neugierig in den Ärmelkanal –
der kleine Bruder der Bretagne. Tatsächlich
erinnern die Steilküste im Westen, einsame Strände und die Landwirtschaft im
Landesinnern an die Bretagne. Ein besonderes Schmuckstück ist der Hafenort Barfleur, von wo aus Wilhelm der Eroberer
und Richard Löwenherz nach England auf-
brachen. Die Hafenstadt Cherbourg könnte
ein weiteres Ziel sein, aber wenn man
schon auf kleinen Départemental-Straßen
unterwegs ist, wenn man schon mal frische Landluft und salzige Meeresbrise
schnuppert und Natur pur genießen darf –
warum sollte man dann eigentlich eine
Stadt besuchen? Ein Zimmer auf einem
abgelegenen »Mas«, einem Bauernhof,
oder in einem der »Gîtes d'Etappe« kommt
dem Genuss dieser rauen Landschaft
wesentlich mehr entgegen.

Am Cap de la Hague. Dagegen ist ein Ausflug zum von Wellen umspülten Cap de la
Hague und zu den Klippen von Nez de
Jobourg Pflicht: Man wird mit atemberaubender Aussicht belohnt. Hier grandiose
Natur, dort gewagtes Menschenwerk: Auf
der Fahrt nach Süden kommt man unweigerlich an den Schloten und Bunkern der
Wiederaufbereitungsanlage von La Hague
vorbei. Vielleicht sollte man die Gelegenheit nutzen und das Informationszentrum
an der D901 besuchen, um sich ein Bild
von der Arbeit der 8000 Menschen zu
machen, die hier beim größten Arbeitge-
ber der Region beschäftigt sind. Selbst aus
Coutances kommen die Pendler hierher.

Von Barfleur stachen
viele Schiffe Richtung
England in See, deren
Absichten nicht immer
friedlich waren. oben
Die diffizile Kunst des
Spitzenklöppelns beherr-
schen viele Bretoninnen.
unten
Wie durch ein Wunder
blieben die prächtigen
Kirchen von Caen, gestif-
tet von Wilhelm dem
Eroberer und seiner
Gemahlin Mathilde, von
den Bomben des Zwei-
ten Weltkriegs verschont.
Mitte

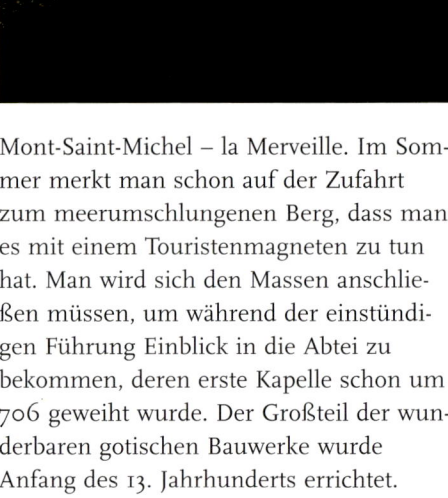

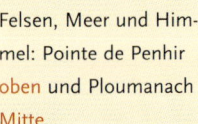

Felsen, Meer und Himmel: Pointe de Penhir oben und Ploumanach Mitte.

Landung in der Normandie

Am frühen Morgen des 6. Juni 1944 tauchte im Nebel vor der Küste der Normandie eine ganze Armada von Kriegsschiffen auf – es war der Beginn der Alliierten-Invasion auf dem europäischen Festland. Als D-Day hat dieser Tag seinen festen Platz in der Geschichte des Zweiten Weltkriegs. Mit der Landung der alliierten Truppen am Strand der Normandie zwischen der Ornemündung und der Halbinsel Cotentin wurde das Ende des Kriegs eingeläutet. Viele der anstürmenden alliierten Soldaten waren den deutschen Soldaten schutzlos ausgeliefert: Allein am D-Day starben 4000 Männer im deutschen Kugelhagel. Diese Gegenwehr konnte aber schließlich dem Angriff der vorwiegend anglo-amerikanischen Kräfte aus den USA, Kanada und Großbritannien nicht standhalten: Die 175 000 Soldaten, die mit mehr als 11 000 Flugzeugen und 5300 Schiffen am 6. Juni über den Ärmelkanal kamen, sorgten für den Anfang vom Ende einer langen Schreckensherrschaft.

Die alte Bischofsstadt bietet sich für einen Stopp auf der dramatischen Fahrt entlang der Steilküste an. Eines der Highlights dieser Rundreise, das Besucher aus aller Welt anlockt, ist nun fast zum Greifen nah: der Mont-Saint-Michel.

Mont-Saint-Michel – la Merveille. Im Sommer merkt man schon auf der Zufahrt zum meerumschlungenen Berg, dass man es mit einem Touristenmagneten zu tun hat. Man wird sich den Massen anschließen müssen, um während der einstündigen Führung Einblick in die Abtei zu bekommen, deren erste Kapelle schon um 706 geweiht wurde. Der Großteil der wunderbaren gotischen Bauwerke wurde Anfang des 13. Jahrhunderts errichtet.

Stolze Freiheit. Man ist nun im Land der »Bro Gozh ma Zadou« – so lautet der abenteuerlich klingende Titel der bretonischen Nationalhymne. Die stolzen Bretonen verweisen nur allzu gerne darauf, dass sie über Jahrhunderte eigenständig und frei waren. Erst 1532 kam die Halbinsel unter François I. an die französische Krone, behielt aber bis zur Französischen

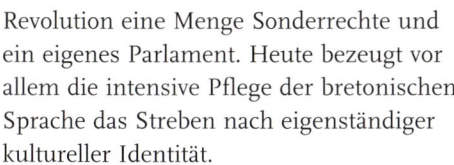

Revolution eine Menge Sonderrechte und ein eigenes Parlament. Heute bezeugt vor allem die intensive Pflege der bretonischen Sprache das Streben nach eigenständiger kultureller Identität.

Den alten Bretonen mangelte es nicht an Freiheitsdrang. Bester Beweis dafür ist Saint-Malo. Die ganze Altstadt gibt sich auch heute noch wie eine gewaltige Seefestung. Kein Wunder, denn von hier stachen sowohl Piraten als auch brave Entdecker in See, wie zum Beispiel Jacques Cartier, der 1534 als Erster den St.-Lorenz-Strom hinaufsegelte. Außer der Wallanlage hat nichts dem schrecklichen Bombenhagel im Zweiten Weltkrieg standgehalten. Fast jedes Haus und jede Mauer wurde danach detailgetreu wieder aufgebaut, und so lohnt es sich auf jeden Fall, einen faulen Strandtag im Schatten der alten Mauern einzulegen. Auch auf der

Fahrt weiter in Richtung Westen gibt es ja Strände in Hülle und Fülle, vorausgesetzt natürlich, man nimmt den Umweg in Kauf und fährt statt über die N12 über die kleinen Sträßchen am Meer entlang nach Morlaix. Côte de Granit Rose heißt der Küstenabschnitt zwischen Saint-Brieuc und Morlaix, und er sagt eine Menge aus über das Land: Zum einen, weil es hier einst ein bis zu 4000 Meter hohes Granitgebirge gab – sechzig Millionen Jahre haben die Berge bis auf eine Höhe von nur mehr 400 Metern abgeschliffen –, zum anderen, weil der Granit hier noch mehr ins Auge sticht als anderswo in der felsigen Bretagne. Wind und Wellen haben nämlich überall aus den rosenfarbenen Steinen an der Côte de Granit Rose seltsame Geschöpfe und Muster geformt. Diese Küste verläuft bis Morlaix, wo ebenfalls Steine im Mittelpunkt Fortsetzung Seite 72

So ähnlich lagerten schon die Normannen am Strand oben – allerdings kaum, um sich zu erholen unten. Unter der Wucht des Viadukts wirken die eigentlich stattlichen Häuser von Morlaix im Finistère zerbrechlich klein. Mitte Von Riesenhand aufgetürmt scheinen die gewaltigen Steinformationen an der Côte de Granit Rose zu sein. großes Bild

In dem charmanten
Städtchen Auray
schnuppert man
auch ohne besondere
Sehenswürdigkeiten
gern die salzige Luft
vom nahen Meer.

Mont-Saint-Michel: Der heilige Berg im Meer

Offiziell liegt sie auf dem Boden der Normandie (genauer gesagt auf dem Meeresgrund), doch das hält die Bretonen nicht davon ab, sie ebenfalls als Touristenattraktion Nummer eins zu vermarkten. Dabei hat die »Pyramide der Meere« Public Relation weiß Gott nicht mehr nötig: So sicher, wie Ebbe und Flut kommen und gehen, so zuverlässig strömen die Besuchermassen zur normannischen Felsinselburg, jedes Jahr rund zwei Millionen. Einzig die Abtei und Kapelle sind Orte der Stille und Besinnung. Es begann mit einem himmlischen Auftrag: Im 8. Jahrhundert soll Aubert, dem Bischof von Avranches, der Erzengel Michael erschienen sein und ihn beauftragt haben, auf dem damals 80 Meter hohen Felsen im Meer eine Kapelle zu bauen. Im Jahr 1017 begann man auf dem höchsten Punkt des Felsens mit dem Bau einer romanischen Kirche, unter der noch ein Vorgängerbau aus dem 10. Jahrhundert liegt. In der Krypta des heiligen Martins, einer Kapelle aus dem 11. Jahrhundert mit Tonnengewölbe, kann man noch erahnen, wie die romanische Abtei gewirkt haben muss.

Berühmt ist der gotische Klostertrakt des 13. Jahrhunderts im Nordosten der Anlage, der wegen seiner Pracht kurz »La Merveille« genannt wird. Mit dieser Namensgebung wurde keineswegs übertrieben, denn unvergleichlich elegant wölben sich die Decken, zierlich und grazil tragen schlanke Säulen die spitzen Bögen, die Räume sind von lichtdurchfluteter Anmut. Dieser wirklich »wunderbare« Bau beherbergt einen Kreuzgang, Refekto-

Wie ein Edelstein liegt das Heiligtum auf der Insel, zu der ein Damm führt. oben, großes Bild Früher kamen Pilger in Scharen, heute Touristen. Mitte Seit alter Zeit folgen die Menschen dem Ruf des Erzengels rundes Bild und kaufen Souvenirs unten.

Menhire und Dolmen

Das Staunen der Menschen, die Locmariaquer besuchen, ist förmlich mit den Händen zu greifen: Wie haben die Menschen zwischen dem 5. und 2. Jahrtausend vor Christus solche Steine bewegt? Mehr als 20 Meter ist er hoch und 345 Tonnen schwer, der größte Menhir der Welt. Vermutlich waren es heidnische Kultstätten oder sie dienten, wie die Steinreihen (Alignements) von Carnac, den Menschen der Megalithkulturen als Kalender, ausgerichtet nach dem Stand der Gestirne. Genauso faszinierend sind die vielen Dolmen der Bretagne, monumentale Grabanlagen wie jene von Barnenez. Heute weiß man, dass Holzstämme, schiefe Ebenen und Erdaufschüttungen zur Errichtung der Steingräber benutzt wurden, aber dennoch bleiben noch viele Rätsel um die Kolosse.

rium und Dormitorium der Mönche, Pilgerherberge und Keller. In der kurzen Zeitspanne von 16 Jahren war der Bau errichtet, der auf vollendete Weise den anglonormannischen Stil des 13. Jahrhunderts verkörpert.

Aber nicht nur ein Benediktinerkloster, in dem noch heute Mönche leben, liegt auf dem Felsen im Meer, Mont-Saint-Michel ist auch eine kleine Gemeinde. Sieben Türme hat die gewaltige Mauer, hinter der die Menschen des Dorfes wie in einer Festung leben. Dabei wollen sie alles andere als sich einigeln, denn nahezu jeder der gut hundert Einwohner lebt von den Besuchern, die meisten vom Verkauf irgendwelcher mehr oder weniger geschmackloser Andenken. Wer kann es ihnen auch verdenken, schließlich leben sie mitten im »Wunder des Abendlandes«, das über einen 2 Kilometer langen Damm mit dem Festland verbunden ist. Er soll eigentlich einer Brücke oder einem Tunnel weichen, damit das Meer wieder den

aufgeschwemmten Sand zwischen Insel und Festland wegspülen kann.

Bis zu 14 Metern schwanken hier die Gezeiten, bei Flut ist der Berg von Wasser umschlossen, das sich bei Ebbe so weit zurückzieht, dass man die Insel zu Fuß erreichen kann. Wer daher auf die Idee kommt, durch das Watt zur Insel zu pilgern, muss wissen, dass die Flut schnell und manchmal unberechenbar kommt. Und er muss mit gefährlichem Treibsand rechnen. Es ist schon vorgekommen, dass Menschen in waghalsigen Aktionen mit dem Hubschrauber gerettet werden mussten. Da ist es schon weit sicherer, jenen Zeitgenossen zu folgen, die nur deswegen kommen, um die berühmte Silhouette des Berges mit seiner Abtei und der 32 Meter hohen Turmspitze aus der Ferne zu erleben – im Herbst, wenn Morgennebel das klerikale Kleinod in ein unwirkliches Licht tauchen. Wie eine himmlische Erscheinung ragt dann der heilige Berg des Erzengels aus dem Meer.

Aufnahme von 1931. oben
Die romanische Klosterkirche überzeugt durch vollendete Harmonie der Proportionen. Mitte
Ein umfriedeter Garten trotzt den Meereswinden. unten

stehen, allerdings fein gemeißelt und von Menschenhand zu einem überragenden Bauwerk zusammengefügt: dem 58 Meter hohen und fast 300 Meter langen Eisenbahn-Viadukt, gebaut am Ende des 19. Jahrhunderts. Durch die Anbindung an den Ärmelkanal war Morlaix immer schon eine florierende Handelsstadt.

Ein Blick auf die Landkarte verdeutlicht: Im Westen der Bretagne ist der Weg das Ziel. Deshalb reizt es, nicht den direkten Weg über die Nationalstraße nach Brest zu nehmen, sondern in Saint-Thégonnec den Calvaire zu bewundern, oder an der Küste entlang das Land, die Menschen und deren eigenwillige bretonische Kultur zu erforschen. Saint-Pol-de-Léon im fruchtbaren Pays de Léon zum Beispiel. Hier wachsen die größten Artischocken, der beste Blumenkohl und die feinsten Schalotten von ganz Frankreich, und mit dem unnachahmlichen Glockenturm der Chapelle du Kreisker besitzt die ehemalige Bischofsstadt ein Symbol von nationalem Rang. Kleine Orte, mal mehr, mal weniger Seebad, haben sich an der Côte des Abers in die schützenden Buchten geschmiegt, und überall eröffnen sich grandiose Ausblicke

Im sanften Licht der Bretagne: Vannes oben, die Kirche von Moëlan-sur-Mer Mitte und die Pointe de Penhir großes Bild. Ein Genuss sind die fangfrischen Meeresfrüchte. unten

über die Felsenküste und die Gischt der See. Wem das noch nicht reicht, der kann in Le Conquet mit dem Boot zur Île d'Ouessant übersetzen, an der Steilküste entlangspazieren und Massen von Seevögeln in den Felsen beobachten.
Vielleicht stattet man auch dem Musée de la Marine in Brest oder den Meeresforschern im Océanopolis einen Besuch ab – der Ruf der Südküste ist nicht zu überhören. Die Halbinsel Crozon muss man besuchen: Wild, zerklüftet, eben typisch bretonisch ist die Steilküste rund um das Cap de la Chèvre und die Pointe de Penhir.

Dazwischen liegen die Seebäder Morgat, Camaret-sur-Mer und Roscanvel – alleine dieses kleine Stückchen Erde Crozon braucht seine Zeit, um entdeckt zu werden. Reizvoller als Brest präsentiert sich die lebendige Stadt Quimper, wo Odet und Steir zusammenfließen (bretonisch: kemper). Fachwerkhäuser zieren die Altstadt, und über allem thronen die beiden Türme der Cathédrale de Saint-Corentin. Die Hauptstadt des Finistère ist berühmt für ihre Fayencen. Während in Quimper also filigrane Kunst für den Lebensunterhalt sorgt, muss in Concarneau für das tägliche Brot hart zugepackt werden: Die kleine Stadt ist der drittgrößte Fischereihafen Frankreichs – mehr als 100 000 Tonnen Thunfisch werden hier jährlich angelandet und stilecht auf dem Fischmarkt versteigert. »Criée« heißt diese tägliche laute Zeremonie, die man sich nicht entgehen lassen sollte.

An der Côte Sauvage. Über die Hafenstadt Lorient, die ihren Namen der Ostindienkompanie aus dem 17. Jahrhundert verdankt, geht es weiter nach Quiberon – Zeit zum Ausruhen, bevor man in Vannes die hübschen Fachwerkhäuser erkundet. Es ist der Gegensatz zwischen der Côte Sauvage, der wilden Felsenküste, und den sanften, anmutigen Stränden in der Baie de Quiberon, der die acht Kilometer lange Halbinsel zu einem der meistbesuchten Flecken der Bretagne macht.
Auch die einstündige Überfahrt zur schönen Insel, der Belle-Ile, sollte man in Kauf nehmen, und wenn die Schifffahrt doch etwas rau gewesen sein sollte, kann man sich anschließend am 1800 Meter langen Sandstrand des schönen Eilands wieder ausruhen.
Die Reise durch die Bretagne, eine der urigsten Landschaften Frankreichs, geht dann an der Côte d'Amour, der »Liebesküste«, zu Ende – da fällt die Liebeserklärung an dieses Stückchen Erde umso leichter. In Nantes, das jahrhundertelang mit Rennes um den Rang der Hauptstadt stritt, haben wir die Bretagne schon verlassen. Adieu Bretagne.

Seine-Brücke von Tancarville aus dem Jahr 1959. *oben*
Trotz wissenschaftlicher Deutungen werden Dolmen und Menhire ihre geheimnisvolle Aura nie verlieren. *Mitte*
Jahrhunderte früher kam es auf Schutz vor dem Feind an: die festen Mauern des Herzogsschlosses von Nantes. *unten*

Planen und erleben ...

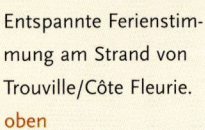

DIE HIGHLIGHTS

Rouen

Es gibt mehrere Gründe, sich Rouen näher anzuschauen: erstens wegen der beiden herausragenden Zeugnisse romanischer Baukunst, der Kathedrale Notre-Dame und dem Palais de Justice, zweitens wegen der schönen Altstadt mit den Markthallen, wo Jeanne d'Arc verbrannt wurde, und drittens wegen der in ganz Frankreich bekannten Fayencen von Rouen. Überall findet man Auslagen mit den Keramikarbeiten, die ihre Blüte im 17. und 18. Jahrhundert hatten. Wer sich dafür interessiert, sollte das Musée de la Céramique anschauen.

Abteien in der Normandie

Die mehr als hundert Abteien und Klöster vor allem am Unterlauf der Seine waren Stätten, die die Entwicklung der Normandie politisch, kulturell und wirtschaftlich wesentlich beeinflussten. Zunächst waren es die Franken, die 35 Klöster gründeten, dann wurden die christianisierten Nordmänner, die Wikinger, sehr aktiv, und schließlich verschaffte Wilhelm der Eroberer der Normandie in Form von Klöstern bleibende Erinnerungen. Manche Abteien stehen heute nur noch als Ruinen, in anderen leben noch Mönche. Empfehlenswert: die »Route des Abbayes« entlang der Seine zwischen Rouen und dem Meer. Es lohnt sich, einen Tagesausflug für die Besichtigung der Kirchen und Klöster einzuplanen.

Lorient – Die Ostindienkompanie

Lorient – beim Namen dieser Hafenstadt an der Südküste der Bretagne fällt es wahrlich nicht schwer, eine Verbindung zum Orient herzustellen. Tatsächlich hieß die Stadt zu Anfang des 18. Jahrhunderts noch L'Orient, weil hier der Sitz der französischen Ostindienkompanie war. Baumwolle und Pfeffer, Tee und Porzellan sorgten zunächst für einen florierenden Handel vor allem mit den Antillen und den anderen französischen Überseekolonien, doch der Verlust einiger Kolonien beim Frieden von Paris 1763 führte dazu, dass die Ostindienkompanie Konkurs anmelden musste. Heute gehört der Fischereihafen der Stadt zu den wichtigsten Frankreichs.

TIPPS FÜR UNTERWEGS

Die einsamen Regionen im Norden sind ideal mit dem Rad zu erkunden. Farngesäumte Wege führen zu einsamen Gehöften und durch geruhsame Dörfer – man ist im Zauberwald des Fôret des Andaines südlich von Caen. Dies ist wirklich ein wunderschöner Wald mit vielen Bächen und Seen, in denen man auch angeln kann.

Dort, wo die Seine ihre schönste Schleife zieht, im Parc Régional de Brotonne westlich von Rouen, lässt sich ebenfalls prima radeln. Strohgedeckte Häuser, blühende Gärten und knorrige Apfelbäume sorgen für reichlich Abwechslung. Einsam ist es auf der Halbinsel Cotentin, kaum Dörfer, nur vereinzelte Gehöfte, deren Bauern noch viel Platz für ihre Felder haben. Ab und zu könnte einem der Gegenwind beim Radfahren allerdings schon zu schaffen machen ...

Entspannte Feriensstimmung am Strand von Trouville/Côte Fleurie. oben
Golfen vor der feudalen Kulisse des Château de la Bretesche. Mitte
Den Tagesablauf der Fischer und Bootsführer bestimmt das Meer. unten

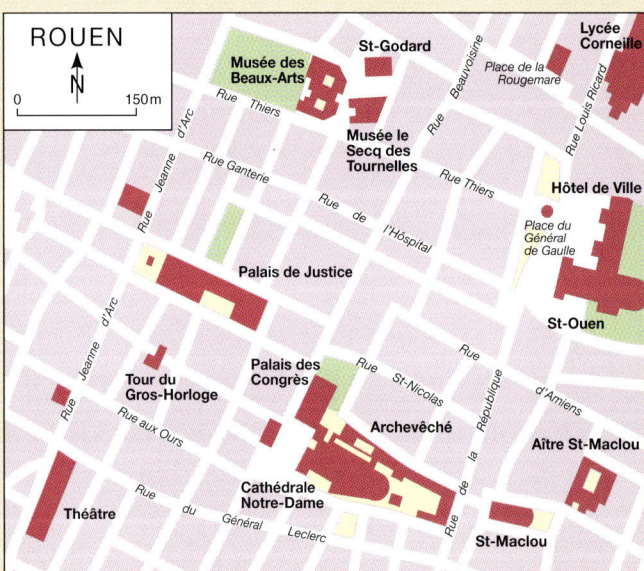

ROUEN

0   150m

Musée des Beaux-Arts
St-Godard
Place de la Rougemare
Lycée Corneille
Rue Thiers
Rue Jeanne d'Arc
Rue Gantenie
Musée le Secq des Tournelles
Rue Thiers
Rue Beauvoisine
Rue Louis Ricard
Hôtel de Ville
Rue de l'Hôpital
Place du Général de Gaulle
Palais de Justice
St-Ouen
Rue Jeanne d'Arc
Tour du Gros-Horloge
Palais des Congrès
Rue St-Nicolas
Rue d'Amiens
Rue aux Ours
Archevêché
Rue de la République
Aître St-Maclou
Théâtre
Rue du Général Leclerc
Cathédrale Notre-Dame
St-Maclou

Kulinarische Leckereien der Bretagne

In der Bretagne, vor allem an der Côte d'Armor, ist die kleine weiße Coco-Bohne in der violett getupften, strohgelben Schote in vielen Speisen zu finden.

Die Bretonen behaupten (wen wundert's?), dass es keine besseren eingelegten Sardinen gäbe als die aus den Konservenfabriken von Quiberon und Concarneau: exotisch, mit grünem Pfeffer oder in Zitronensauce.

Krampouz ist das bretonische Wort für Crêpe bzw. Galette. Die Bretonen sind Meister in der Herstellung dieser Pfannkuchen; vornehmlich verwenden sie Buchweizen. Feine Apfelkuchen werden im Norden besonders geliebt. Am besten schmeckt die karamelisierte Tarte Tatin. Die Crêpes Suzettes mit Orangen und Grand Marnier eroberten auch die feine Küche.

Eugène Boudin, dem Lehrer Claude Monets, ist in Honfleur ein Museum mit bemerkenswerten Exponaten impressionistischer Malerei gewidmet. Auf drei Stockwerken wird im Mémorial, einem Museum im Nordwesten von Caen, die Geschichte multimedial anschaulich zum Leben erweckt. Natürlich steht die entscheidende Schlacht des Zweiten Weltkriegs in der Normandie im Vordergrund, aber der Bogen wird auch auf den Ersten Weltkrieg und andere kriegerische Konflikte ausgedehnt. Ein sehr gutes Beispiel, wie Geschichte interessant und aufschlussreich dargestellt werden und zum Nachdenken anregen kann. Es lohnt sich, dem Amont-Felsen bei Etretat und seinem Museum einen Besuch abzustatten: Es ist den beiden verschollenen Flugpionieren Nungesser und Coli gewidmet, die 1927 von hier aus (erfolglos) über den Atlantik fliegen wollten.

Apfelbäume, so weit das Auge reicht: Nicht nur Calvados, das kostbare, jahrelang in Fässern gereifte Getränk, sondern auch

Cidre sind typisch für die Normandie, nur recht saure Mostäpfel kommen für das moussierende Getränk in Frage. Nach der Pressung beginnt der Apfelsaft nochmals zu gären und entwickelt so seine 4 Prozent Alkohol. Dagegen hat der edle Calvados zehnmal mehr. Früher brannte jeder Bauer selbst seinen Calvados, natürlich aus dem eigenen Cidre. Heute gibt es nur noch einige Brennereien, die das mal gold-, mal bernsteinfarbene Destillat herstellen und es anschließend, ähnlich wie beim Cognac, für einige Jahre in Eichenfässern reifen lassen. Im Musée Régional du Cidre et du Calvados in Valognes ist alles über die Apfelveredelung zu erfahren.

Souvenirs

Köche schwören auf ihn zur Verfeinerung von Saucen zum Beispiel, und als Digestif fehlt er natürlich nach keinem Menü – Calvados ist ein flüssiges Souvenir.

Vielleicht notiert man sich auch das Rezept für eine Apfeltarte für zu Hause, denn

richtig gut schmeckt sie nur frisch an Ort und Stelle in einer Pâtisserie.

Und wenn es nicht nur essbare und damit vergängliche Erinnerungen an den Norden sein sollen: Rouen und Quimper sind berühmt für ihre Fayencen, die schon seit dem 17. Jahrhundert mit großem handwerklichem Geschick hergestellt werden. Vielleicht entdeckt man ja ein schönes Stück, in der ältesten Produktionsstätte in Quimper, den Faïenceries HB-Henriot zum Beispiel, die man von März bis Oktober auch besichtigen kann. Oder man sucht in Rouen nach der farbenprächtigen Keramik wie aus dem Museum, ein Streifzug lohnt sicher.

Entfernungen

km		
	Paris	1405
	125 km	
125	**Rouen**	1280
	93 km	
218	**Etretat**	1187
	95 km	
313	**Deauville**	1092
	71 km	
384	**Bayeux**	1021
	303 km	
687	**Mont-Saint-Michel**	718
	69 km	
756	**Saint Malo**	649
	268 km	
1042	**Brest**	363
	158 km	
1200	**Lorient**	205
	95 km	
1295	**Vannes**	110
	110 km	
1405	**Nantes**	km

In Pont-Aven entstand eine Künstlerkolonie um Paul Gauguin. links oben Verschwenderische Pracht herrscht in der Passage de la Pommeraye von Nantes. links unten Köstliche Meeresfrüchte sind am Atlantik fangfrisch auf dem Markt zu haben. oben

Route **4**
Zwischen Nantes und Orléans

Die Nähe zu Paris, die Lieblich-
keit der Landschaft, die Anmut
der Loire – wir sollten dem
alten Adel dankbar sein für
seine Liebe zu diesem Fluss:
Er war die Kulisse für viele
luxuriöse Zweitwohnungen.
Ein Schloss ist prächtiger als
das andere, und alle erzählen
romantische und tragische
Geschichten aus Frankreichs
großer Zeit.

Auf dem Hügel das
königliche Château,
daneben die Kathedrale,
Fachwerkhäuser und
natürlich der Fluss:
Angers ist eine typische
Loire-Stadt.

Durch das königliche Tal der Loire

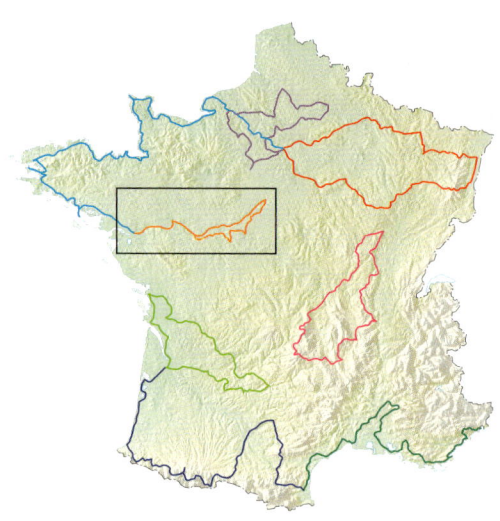

»Le Val« – jeder in Frankreich weiß, dass damit nur eines gemeint sein kann: das Tal der Loire. Sie entspringt im Zentralmassiv, trennt Burgund und Bourbonnais voneinander und schlängelt sich in ihrem noch immer ungezähmten Flussbett durch die Herzlandschaften Frankreichs. Die klassische Loire-Reise endet bei Orléans: Mehr als dreihundert Schlösser machen den Ruhm des Tales aus.

Mit Chambord, dem größten aller Loire-Schlösser, verwirklichte François I. einen märchenhaften Traum, der nicht ganz frei von Größenwahn war.

Das eine war ein Jagdschloss, das andere ein Lustschloss, das dritte ein Prunkschloss – und alle sind sie noch immer Denkmäler atemberaubender Architektur. Architekturfans und die Bewunderer herrschaftlicher Baukunst wissen es bereits: Man kann die Loire, Frankreichs längsten Fluss, seine herbe Umgebung und die Bauwerke am ihrem Ufer nicht aus dem Autofenster erleben, kann nicht die Orte mit ihren berühmten Schlössern einfach nebenbei abhaken – ein bisschen Muße muss sein.

Von Nantes nach Angers. Unsere Rundreise beginnt in Nantes, mit einem Spaziergang über die Place Royale, durch die engen Gassen der Altstadt mit ihren schön restaurierten Häusern aus dem 18. und 19. Jahrhundert zum Château Ducal, dem herzöglichen Schloss mit Ursprüngen aus dem 10. Jahrhundert, im Wesentlichen im 15. Jahrhundert erbaut. Saint-Nazaire bildet einen reizvollen Kontrast, es ist der erste vollelektronisch gesteuerte Hafen Frankreichs. Wer die Loire von ihrer schönsten Seite erleben will, lässt die Autoroute 11 oder die Nationalstraße 23 links liegen und fährt auf kleinen Départementalstraßen in Richtung Osten. Auf der D751 kommt man über Champtoceaux mit seiner mittelalterlichen Schlossruine und Chalonnes-sur-

Loire schließlich in die Hauptstadt des Département Maine-et-Loire, nach Angers. Momumentaler noch als das Schloss mit seinen berühmtem Gobelins ist die mächtige Wehrmauer mit 17 bis zu 60 Meter hohen Türmen. Angers' Reiz liegt im Kontrast zwischen dem jugendlichem Flair und der 2000-jährigen Geschichte. Die Stadt pulsiert, und dennoch fügen sich wie selbstverständlich die alten Bürgerhäuser in das Bild, eines wie das Maison d'Adam: Das Fachwerkhaus mit den sehenswerten Holzarbeiten stammt aus dem 15. Jahrhundert. Wer in Angers Station macht, braucht, was Schlossbesichtigungen angeht, nicht enthaltsam zu sein: In einem Umkreis von etwa 20 Kilometern liegen das Château de Brissac, das Château Montgeoffroy und das Château de Plessis-Bourré – eine Ritterburg wie aus dem Märchen. Allesamt sehenswerte Schlösser, doch sollte man Prioritäten bei der Besichtigung setzen.

Königliche Loire. Vieles spricht dafür, den schönen Anblick des weithin sichtbaren Schlosses von Saumur vom rechten Ufer der Loire aus zu genießen und sich das Innenleben als krönenden Abschluss auf der Rückfahrt aufzubewahren. So könnte man also gleich nach Montsoreau mit seinem Schloss aus dem 15. Jahrhundert fah-

Renaissancegarten von
Schloss Villandry: Nir-
gendwo sonst verbindet
sich streng abgezirkelte
Schönheit mit profanem
Nutzen so unnachahm-
lich wie hier.

ren, wo sich ein Abstecher zur Abtei Fontevraud lohnt. Das Anfang des 12. Jahrhunderts gegründete Kloster des Predigers Robert d'Abrissel gehört zu den größten Europas. Nun könnte man nach Chinon fahren, durch die umliegenden weitläufigen Wälder oder an der Vienne entlangspazieren und in der Altstadt bei einem guten Glas kräftigen Chinon-Weins eine stilvolle Pause machen. Im Vergleich zu anderen Schlössern bietet die Festung von Chinon eher wenig, und so hat man den Kopf frei für das prächtig verspielte Schloss von Ussé. Man sagt, dass hier dem Dichter Charles Perraut im 17. Jahrhundert die Idee für das Märchen Dornröschen gekommen sei – das ist gut vorstellbar, denn die romantische Bauweise versetzt jeden Besucher tatsächlich in eine märchenhafte Stimmung.

Allegorischer Garten. Wie aus einer anderen Welt mögen die Gärten des Schlosses von Villandry erscheinen. Man wird gern auf das Innenleben des feudalen Schlosses verzichten und stattdessen durch die prächtigen Gärten schlendern. Ihrer mythischen Deutung mag man folgen oder nicht – eine Wonne fürs Auge sind sie allemal. Zeit zum Ausruhen bietet sich dann in Tours – ohne nennenswertes Schloss. Dafür mit einer Kathedrale, die an der Westfassade reichen Maßwerkschmuck

trägt, und einem stattlichen erzbischöflichen Palast. Und dann sollte man vielleicht noch das Musée des Vins de Touraine besuchen, der Abwechslung wegen. Oder man begibt sich doch in die Schlossruine, genauer ins Wachsfigurenkabinett,

Die Baustile

Die Romanik (1000–1150) im frühen Mittelalter findet sich vor allem in den Kirchen und Klöstern Burgunds und der Touraine. Sie ist gekennzeichnet durch Rundbögen, eine klare Trennung einzelner Teile wie Schiffe, Chorpartie und Türme, Portale sind reich verziert, Wände prächtig ausgemalt.

In der gotischen Baukunst (12.–15. Jahrhundert) werden architektonische Elemente, wie Kreuzrippengewölbe, Spitzbogen oder Strebewerk miteinander verschmolzen, um hellere und höhere Räume zu ermöglichen.

Die französischen Baukünstler der Renaissance (16. Jahrhundert) zeichneten sich dadurch aus, dass sie bereits bekannte Baustile modernisierten, also dem Zeitgeschmack anpassten. Dabei wurden sie von italienischen Bauwerken geleitet, wo der Baustil entstand.

In der Epoche des Klassizismus (19. Jahrhundert) löste schlichte Großartigkeit der Form den üppig verspielten, überbordenden Stil von Barock und Rokoko ab, wobei sich die Baumeister von der griechischen Säulenarchitektur inspirieren ließen.

Harmonie in Vollendung: die Kathedrale von Nantes, begonnen 1434. oben
Loches wird noch gut beschützt wie im Mittelalter: Porte des Cordeliers. Mitte
Wo Gemüse nicht nur nützlich ist, sondern zur Zierde des Garten wird – Schloss Villandry. unten
Erhabene Ruhe senkt sich über Europas letzten frei fließenden Fluss – die Loire im Abendrot. rechts

wo mit insgesamt 165 Figuren die wechselvolle Geschichte rund um die Loire-Schlösser inszeniert ist.

Leonardos Alterssitz. Ein lohnender Ausflug geht in das romantische Tal der Indre,
wo man bei Cormery Richtung Amboise
fährt. Napoleon ließ den größten Teil der
riesigen Schlossanlage abreißen, und so
blieb nur etwa ein Viertel übrig. Spannen-
der als diese – immer noch gewaltige –
Ruine ist das Landhaus Clos-Lucé, der
Alterssitz von Leonardo da Vinci. Der uni-
versell begabte Meister kam auf Bitten
François' I. 1515 nach Amboise und hatte
bis zu seinem Tod 1519 noch allerhand
bahnbrechende Einfälle: Die nachgebauten
Modelle einer Drehbrücke, eines Automo-
bils und sogar eines Hubschraubers sind
in Clos-Lucé zu bewundern.

»Es gibt Nymphen-Schlösser, die träge am Ufer
fließender Gewässer liegen; es gibt Narziss-
Schlösser, die in den Spiegelungen der glatten
Gewässer des Schlossgrabens gefangen sind ...
Chenonceaux gehört beiden Spielarten an.«
Marguerite Yourcenar, Chenonceaux, 1978

Chaumont und Blois. Rund 500 Jahre vor
Leonardos Besuch an der Loire ging es
schon recht kriegerisch zu in dieser fried-
vollen Landschaft. Es waren die Grafen von
Blois, die hier im 10. Jahrhundert zum
Schutz ihres Besitzes eine Festung bauen
ließen, im 15. Jahrhundert entstand daraus
das Schloss von Chaumont. Seinen wehr-
haften und etwas finsteren Charakter hat
es dadurch nicht verloren. Auch die Funda-
mente des Schlosses von Blois gehen auf
die Familie der Grafen von Blois zurück,
allerdings wuchs es in seiner ganzen
Pracht im Lauf von fünf Jahrhunderten
und vereinigt so mehrere Epochen der
Baukunst vom Mittelalter bis zur Renaissance. Aus dieser letzten Phase stammt die
berühmte achteckige Wendeltreppe im
Renaissance-Flügel von François I. Man
darf diesem verspielten Schloss ruhig ein
wenig mehr Aufmerksamkeit widmen –
bis nach Orléans, über die Nationalstraße
152 am rechten Loire-Ufer entlang, ist es
der letzte sehenswerte Bau. Orléans ist
eine lebendige Universitätsstadt, in der
man gut ein paar Tage Stadtleben mit Ein-
kaufsbummeln und Cafébesuchen genießen kann.

Wein für Feste unten, ein
Erker für Verliebte (Che-
nonceaux) oben: Die
Märchenschlösser der
Loire erzählen und
schreiben noch heute
Geschichten.

Saumur ist ein reizendes
Städtchen und ein Zen-
trum der Kunst, aus
Wein Champagnerähnli-
ches zu machen. oben
Überall Trauben großes
Bild – den Wein kann
man dann etwa in der
Brasserie »La Cigale« in
Nantes genießen rechts.
Wettergegerbtes Liebes-
paar im Fachwerk des
Maison d'Adam in
Angers. unten

Feudaler Lebensstil. König François I. war
ein begeisterter Jäger, und der riesige Wald
rund um Chambord kam ihm gerade
recht. Der König sparte an nichts: Nur zu
gern hätte er auch noch den Lauf der Loire
um ein paar Kilometer verlegt, in Sicht-
weite seines Prunkschlosses mit seinen
tausend Türmchen, Erkern und Giebeln.
Offensichtlich konnte François I. bei der
Planung seines Märchenschlosses auch
sonst kein Ende finden: 440 Zimmer, 84
Treppen und 365 Kamine – für jeden Tag
einen anderen – zeugen von einer gewissen architektonischen Zügellosigkeit des
überaus machtbewussten Renaissance-
Herrschers, der hier seine ganze Größe
demonstrieren wollte.
Von der sicher prächtigen Inneneinrichtung ist nichts erhalten, sie fiel Plünderungen während der Französischen Revolution zum Opfer. Ganz anders ist das in
Cheverny. Gebaut im barocken Stil des
17. Jahrhunderts, belegt es in beeindru-
ckender Weise die Wohnkultur der Zeit.
Und dieses Loire-Schloss weist noch eine
Besonderheit auf: Das Schloss ist seit seiner Erbauung im Besitz der Nachfahren
der Adelsfamilie Hurault aus Blois; akribisch achtet sie darauf, dass Mobiliar und
Inneneinrichtung wie vor zweihundert Jah-

ren erhalten bleiben, und natürlich werden regelmäßig erlauchte Gäste aus ganz Frankreich zur Jagd auf Schloss Cheverny eingeladen. Weite Wälder gibt es ja reichlich in der Sologne rund um die Stadt Bourges, dem beliebtesten Jagdgebiet der französischen Könige.

Chenonceaux: Schloss der Frauen. Durch diese Wald- und Seenlandschaft fließt einer der reizvollsten Nebenflüsse der Loire, der Cher. Auf dem Weg über Contres nach Chenonceaux, einem der schönsten Loire-Schlösser, sollte man in Saint-Aignan-sur-Cher und Montrichard mit seiner Festung Station machen. Saint-Aignan ist ein malerisch befestigter Felsen über dem Fluss, der schon im 11. Jahrhundert seine Standhaftigkeit zu beweisen hatte. Dann lockt mit Chenonceaux das vielleicht anmutigste

Bauwerk entlang der Loire. Mag sein, dass der Liebreiz dieses viereckigen Schlosses mit dem länglichen Arkaden-Anbau über dem Cher damit zusammenhängt, dass hier das weibliche Geschlecht seine Finger im Spiel hatte. Henri II. schenkte das Anwesen Mitte des 16. Jahrhunderts seiner Geliebten Diana von Poitiers. Sie legte den Park an und begann, eine Brücke über den Cher zu erbauen. Nach Henris Tod musste die Mätresse seiner Witwe Katharina von Medici weichen, die selbst einzog und zwei Stockwerke auf die Brücke setzte. Bevor schließlich das gesamte Anwesen im 19. Jahrhundert – ebenfalls von einer Dame – grundlegend restauriert wurde, trug sich noch Louise de Lorraine als »weiße Königin« in das Stammbuch des Hauses ein. Nach der Ermordung ihres Gemahls Henri III. wurden als Fortsetzung Seite 88

Abweisende Festung: Château d'Angers. oben In Tuffsteinfelsen reift, was aus den Weinbergen kommt. Mitte oben Die Vienne Mitte unten, Marktplausch in Nantes unten.

An der Loire: Unterwegs mit Boot und Rad

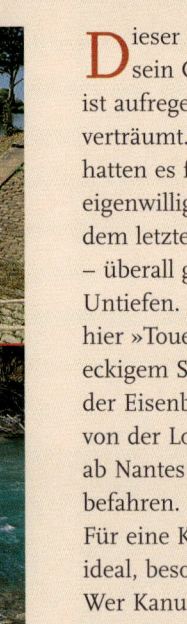

Dieser naturbelassene Fluss wechselt sein Gesicht mit den Jahreszeiten, er ist aufregend und spannend, sanft und verträumt. Die Fischer und Schiffsleute hatten es früher nicht leicht, mit der eigenwilligen Loire zurechtzukommen, dem letzten frei fließenden Fluss Europas – überall gibt es Sandbänke, Inseln und Untiefen. Noch im 19. Jahrhundert fuhren hier »Toues«, kleine Fährboote mit rechteckigem Segel, doch mit dem Siegeszug der Eisenbahn verschwanden die Schiffe von der Loire. Nur noch im unteren Teil ab Nantes wird sie von großen Schiffen befahren.

Für eine Kanutour ist die Loire deshalb ideal, besonders in der Region um Blois. Wer Kanu sportlich fahren will, kommt hier allerdings nicht auf seine Kosten. Zu sanft ist die Strömung, ohne Wellen. Es ist ein schönes Erlebnis, sich einen Tag lang auf dem Fluss treiben zu lassen und

Dörfer und Schlösser vom Wasser aus zu erleben. Amboise ist das Ziel. Ende Juni führt die Loire nur wenig Wasser und fließt sanft dahin. Das ist genau die richtige Zeit für eine Kanutour von Schloss zu Schloss. Kormorane kreisen; diese grandiosen Fischer bevölkern den Fluss im Sommer in Scharen. Einen geradezu formidablen Anblick bietet das Château de Chaumont-sur-Loire vom Wasser aus – als wachse die Burg aus dem Felsen, so steht sie dort oben über dem Fluss, gebaut von den Grafen von Amboise, die ihr Territorium gegen Angriffe verteidigen wollten. Aber das Schönste am Schloss sind die Gärten. Ein Lieblingsplatz für ein Picknick findet

Schöne Plätze zum Rasten gibt es viele. oben und rundes Bild Der Canyon du Verdon unten erfreut das Sportlerherz, während die Loire, sofern nicht gerade Hochwasser herrscht, dem gemächlichen Paddler ihre Schlösser wie Chambord rechts aus besonders verlockender Perspektive präsentiert.

Flora und Fauna der Loire

Der letzte ungebändigte Fluss Europas ist ein Paradies für alles Leben in und außerhalb des Wassers. Auen und Feuchtwiesen, Inseln und Seitenarme und wenig direkter Einfluss durch den Menschen bieten beste Voraussetzungen für Fische, Vögel und Insekten genauso wie für die Pflanzenwelt. Gerade in den Sandbänken, die sich durch Erosion und bei Hochwasser mitgeführtes Gestein bilden, entstehen neue Lebensräume, etwa für den seltenen Eisvogel oder den zierlichen Flussregenpfeifer. Obwohl es nur noch wenige Berufsfischer auf der Loire gibt, haben sich die von guter Wasserqualität abhängigen Fische rar gemacht: Lachs, Zander, Hecht gab es früher noch häufiger, als noch weniger Abwasser in den Fluss geleitet wurde. Dafür sind Alse und Karpfen, Aal und Gründling reichlich vertreten.

sich immer am Ufer oder auf einer der Inseln inmitten des Flusses bei Amboise. Das Wasser scheint sauber, aber die vielen Städte am Fluss tun ihm nichts Gutes. Trotzdem: Im Sommer, wenn es heiß wird, kann man sich schon mal eine Abkühlung gönnen. Amboise mit seinen gewaltigen Mauern war früher viel größer, hier residierten die Könige, und zahlreiche Künstler ließen sich inspirieren. Das Dorf ist überaus gemütlich. Noch schnell trinkt man einen Café au lait, bevor die Boote endgültig an Land verstaut werden und ein wunderschöner Tag voller unvergesslicher Eindrücke im Tal der Loire zu Ende geht.

Genauso schön wie eine Flussfahrt ist eine Radtour zu den Schlössern der Loire und ihrer Nebenflüsse – entweder an den Flüssen entlang oder durch die Wälder, Wiesen und Felder der fruchtbaren Hochebene, die dank des guten Schwemmbodens und des fast mediterranen Klimas ein fruchtbarer Garten ist. Nur ein kleiner

Teil der feudalen Bauwerke liegt ja direkt am Fluss, viele Burgen und Schlösser verstecken sich im Hinterland. Hier ist nichts mehr vom Trubel zu spüren, und es gibt eine solche Fülle an Bauwerken, dass sie nicht alle auf Hochglanz gebracht werden können. Deshalb ist hier jeder richtig, der das Ursprüngliche sucht. Aus den ausgedehnten Parks rund um die Schlösser ist der Autoverkehr meist verbannt, gefahrlos kann man durch die Wälder streifen und sich architektonischen Kleinodien wie Montgeoffroy nördlich von Saumur frei von Hektik wie in alten Zeiten nähern. Das im 18. Jahrhundert komfortabel umgebaute Schloss befindet sich noch heute im Familienbesitz; es vermittelt einen unverfälschten Eindruck vom adeligen Lebensstil am Ende der Regierungszeit Louis' XV. – von den geschmackvoll möblierten, eleganten Räumen der Herrschaft bis hin zur Küche mit ihren auf Hochglanz polierten Kupferpfannen und -töpfen.

Paddeln im Alliertal.
links oben
Vom Fluss aus öffnet sich eine reizvolle Welt: das Dorf Viviers bei Blois oben, Amboise Mitte, Montrichard mit Donjon, der Kirche Sainte-Croix und der Brücke über den Cher unten.

Schloss Chenonceaux – das lieblichste und am schönsten gelegene der Loire-Schlösser.

Aus der Zeit der Bourbonen stammt Cheverny oben, während sich Schloss Chambord mittelalterlich gibt Mitte. Treppenturm von François I. in Blois. unten Chenonceaux mit seiner originellen Brücke. großes Bild

Zeichen der Trauer alle Decken des Schlosses schwarz-weiß gestrichen und ausschließlich schwarze Möbel aufgestellt, während die Witwe in den weißen Trauerkleidern der Königinnen engelsgleich ihr Dasein fristete. Von all diesen Geschichten wissen das Schloss und der weitläufige Park mit seinen uralten Bäumen – und könnte der still und verträumt dahinfließende Cher erzählen, er würde vermutlich noch viel mehr interessante Details zu berichten haben.

Auch Loches, im Tal des Indre gelegen, hat einige dunkle Kapitel in seiner Geschichte aufzuweisen. Vor allem die Zitadelle mit ihrer zwei Kilometer langen Wehrmauer war im Mittelalter heftig umkämpft. Noch heute zeugen Kritzeleien in den tiefen Verliesen der Tour Martelet von traurigen Gestalten, die hier auf ihre Hinrichtung warteten. Reizvoller als eine Besichtigung der düsteren Verliese ist ein Bummel durch die hübsche Cité médiévale, den mittelalterlichen Stadtkern mit der Kirche Saint-Ours aus dem 12. Jahrhundert und Rathaus und Wehrturm Saint-Antoine aus der Renaissancezeit.

Azay-le-Rideau. Wer der Schlösser immer noch nicht müde ist, wird sicher in Azay-le-Rideau Halt machen und sich das L-förmige Schloss anschauen. Diese ungewöhnliche Form entstand weniger aus einer Laune heraus, sondern ergab sich aus der Tatsache, dass beim Bau das Geld ausging und man das Schloss halb fertig der Nachwelt überlassen musste.

Auch um dieses Gemäuer ranken sich zahlreiche nette Geschichten. Die hübscheste von allen ist noch immer jene, die davon erzählt, dass François I. sich in das wunderschöne Heim seines Finanzministers verguckte und ihn kurzerhand hinauswarf. Deshalb finden sich auch überall in den Zimmern hübsche Ornamente, die mit Salamandern verziert sind, dem Wappentier von François I.

Auf dem Weg zurück an die Loire könnte der Weg über die D751 wieder über Chinon führen, damit man sich das Château Chinon mit seinen Befestigungswällen mit

herrlichem Ausblick und die mittelalterliche Stadt anschauen kann oder wie schon auf der Hinfahrt testen kann, ob der Wein immer noch schmeckt, bevor es auf der D947 schließlich nach Saumur geht, einem weiteren Höhepunkt unter den Loire-Schlössern.

Prunkvolles Saumur. Der Eindruck vom gegenüberliegenden Ufer täuscht nicht: Saumur konkurriert mit dem femininen Märchenschloss Chenonceaux um den ersten Rang. Erbaut im 14. Jahrhundert von Herzog Louis I. von Anjou, thront es mit seinen vier Ecktürmen heute noch mächtig und kraftvoll über den Dächern des Städtchens.
Pferdeliebhaber verbinden die Stadt mit der französischen Kavallerie, die seit 1763 hier ihren Standort hat und heute die Nationale Reitschule betreibt. Allen Schaumweinliebhabern ist Saumur ein Begriff, weil hier das Hauptanbaugebiet des köstlichen Crémant de la Loire liegt. Franzosen trinken ihn als Aperitif mit einem Schuss Cassis. Zurück nach Nantes geht es beschaulich auf den kleinen Straßen im Loire-Tal – oder für die, die es etwas eilig haben auf dem kürzeren Weg über Cholet.

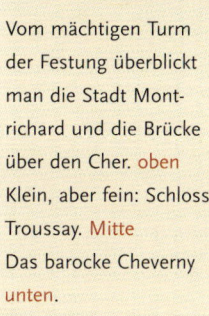

Vom mächtigen Turm der Festung überblickt man die Stadt Montrichard und die Brücke über den Cher. oben
Klein, aber fein: Schloss Troussay. Mitte
Das barocke Cheverny unten.

Planen und erleben ...

Zeitlose Schönheit, verdoppelt durch den Spiegel des Flusses: Chinon. *oben*

Im 17. Jahrhundert war Saumur eine Hochburg der Protestanten. *Mitte* Tours lädt zum Bummeln ein: Am schönsten ist ein Streifzug um den Place Plumereau. *unten*

DIE HIGHLIGHTS

Die Gärten in Villandry

Alles in allem grünt und blüht es rund um das Schloss Villandry auf über 5 Hektar. Die Ordnung dieser prachtvollen Gartenanlage folgt einem strengen Gesetz: hier die mittelalterliche Tradition mit Blumen-, Gemüse- und Obstgärten sowie Arzneipflanzen, dort die eher architektonisch anmutende italienische Gartenkunst, die die Franzosen während ihrer Italienfeldzüge kennen lernten. Solche Gärten inspirierten seinerzeit Gobelinweber, Maler und Dichter und hatten zudem philosophische Symbolik. Der Ziergarten nämlich ist in zwei Bereiche geteilt, von denen einer der Liebe und Leidenschaft und der andere der Musik gewidmet ist; der Gemüsegarten weist neun strenge Quadrate mit geometrischen Figuren auf. Villandry ist eines der faszinierendsten Zeugnisse der Gartenkunst.

Schloss Brissac

Der Turm stammt noch aus dem Mittelalter, der Wohntrakt wurde im 17. Jahrhundert errichtet: Schloss Brissac ist eines der wenigen Loire-Schlösser, das im Louis-XIII-Stil erbaut wurde. Das Äußere wirkt etwas uneinheitlich, dafür entschädigt das erlesene Mobiliar der Innenräume. Auch hier waltete wieder Geschichte: Brissac war Zeuge der Versöhnung Louis XIII. mit seiner Mutter Maria von Medici, die er zuvor jahrelang in Schloss Blois gefangen gehalten hatte und von wo ihr eine abenteuerliche Flucht gelang.

Apokalypse von Angers

Neben vielen anderen sehenswerten Stücken vergangener Zeit sollte man im Schloss von Angers vor allem den Wandteppich der Apokalypse studieren. Mitte des 14. Jahrhunderts verewigte der Künstler Nicolas Bataille auf sieben Wandteppichen das Buch des Evangelisten Johannes. Von den unglaublichen Teppichen, die 144 Meter lang und 5,50 Meter breit waren, sind immerhin noch 107,50 Meter erhalten geblieben.

Johanna in Orleans

Schon in den Kindergärten Frankreichs wird die Geschichte des wagemutigen Mädchens erzählt: Geboren Anfang des 15. Jahrhunderts in den Vogesen, glaubte sie sich durch Stimmen dazu berufen, Frankreich im Hundertjährigen Krieg von den Engländern zu befreien. Ein Heer unter ihrer Führung vertrieb 1429 den Feind aus Orléans und machte die Krönung Charles' VII. zum König möglich. Ein Jahr später geriet sie in englische Gefangenschaft und wurde 1431 – von einem kirchlichen Tribunal der Ketzerei angeklagt – auf dem Scheiterhaufen verbrannt. 1920 sprach man sie heilig. Wer ihren Spuren folgen will, ist in Orléans gut aufgehoben: Im Hôtel Groslot aus dem 16. Jahrhundert, dem ehemaligen Rathaus, werden Erinnerungsstücke gezeigt, an der Place du Générale du Gaulle ist ihr das Maison Jeanne d'Arc gewidmet. Ein Reiterdenkmal zeigt die Nationalheldin auf der Place du Martroi, und die bunten Glasfenster der Kathedrale Sainte-Croix aus dem 19. Jahrhundert erzählen die Taten und die tragische Lebensgeschichte der Jungfrau nach.

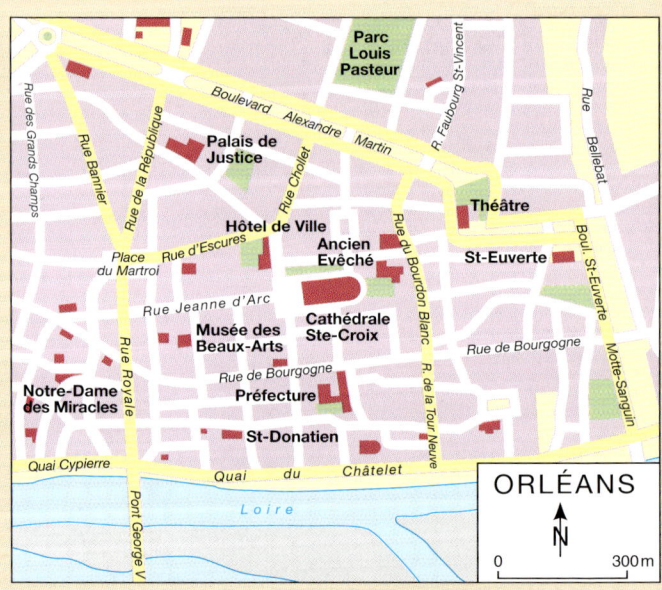

ORLÉANS

0   300 m

Hotels mit Siegel

Viele ehemalige Schlösser und Herrensitze sind heute Luxushotels, verzeichnet im Führer »Relais et Chateaux«. Nicht so teuer, aber mit feudaler Aussicht sind die Campingplätze auf Schlossgrundstücken. »Gites de France« oder »Logis de France« – diese Gütesiegel an einem Hotel stehen für Qualität zu einem fairen Preis. Die Häuser, oft alte Landsitze oder rustikale Gutshöfe, werden regelmäßig kontrolliert und haben sich einem anspruchsvollen Standard verpflichtet. Wer gut, preiswert und familiär französisch essen möchte, der sollte nach den so genannten »Fermes-Auberges« Ausschau halten. Das sind Bauernhöfe, die eine Restaurant-Lizenz haben und fast ausschließlich Zutaten aus eigenem Anbau für ihre bodenständigen Gerichte verwenden.

Loir – Der Nebenfluss der Loire

Wenn der an der Loire herrschende Trubel zu bunt wird, könnte man ganz einfach Reißaus nehmen und an den Loir fahren, einen Nebenfluss der Loire.

Man lässt sozusagen das »e« an der Loire zurück, bekommt dafür aber eine ganze Menge neuer Eindrücke geschenkt: Gemütlich und ruhig geht es zu zwischen Vendôme und Angers, wo der malerische Loir in die Sarthe und schließlich in die Loire fließt. Die Landschaft mit endlosen Pappelwäldern und typisch französischen Ortschaften bietet einen reizvollen Gegensatz zum teilweise doch recht mondänen Treiben rund um die vielen Schlösser an der Loire.

Château du Moulin

Versteckt in den Wäldern und Wiesen der vom Tourismus abgeschiedenen Sologne liegt das entzückende Moulin, westlich des Städtchens Romorantin-Lanthenay. Dieses Wasserschloss aus der Renaissance bezaubert nicht zuletzt durch seine gut erhaltene Inneneinrichtung.

TIPPS FÜR UNTERWEGS

Sportmöglichkeiten gibt es an der Loire zur Genüge, etwa das Radfahren: An diesem Fluss bietet es sich geradezu an, das Auto stehen zu lassen und auf den Drahtesel umzusteigen. Manche Syndicats d'Initiative organisieren Radtouren zu Schlössern, durch Wälder und Weinberge. Auf der Loire gibt es in diesem Abschnitt keine motorisierte Schifffahrt, und so ist der ungebändigte Fluss ein Paradies für Kanuten und Kajak-Fahrer. Wer viel Zeit mitbringt, wird freilich auch auf den Nebenflüssen paddeln. Und natürlich das Wandern: Der Wanderweg GR3 führt von der Loire-Quelle bis zur Mündung. Wer die Schlösser erwandern will, nimmt die Route 303 und hat 250 Kilometer Wanderstrecke vor sich.

Für den Bau der vielen Schlösser brauchte man Steine, die unterirdisch abgebaut wurden. Dafür war ein Tunnelsystem nötig, das Jahrhunderte später eine neue wirtschaftliche Bedeutung erlangte: Die Höhlen und Gänge bieten ideale Voraussetzungen für Pilzkulturen, und oft stammen die berühmten Champignons de Paris aus den Höhlen von Saumur. In den Religionskriegen dienten sie als Verstecke, heute werden Festessen darin veranstaltet. Bei Rochemenier nahe Saumur gibt es ein Höhlendorf als Museum.

Souvenirs

Wie oft auf Streifzügen im Gourmetland Frankreich bieten sich kulinarische Souvenirs an. An erster Stelle ist der Crémant de la Loire aus Saumur zu nennen, der mit Champagner konkurrieren kann, oder der trockene Weißwein Vouvray, etwa aus dem berühmten Weingut Huet, wo Wein noch nach traditioneller Methode erzeugt wird.

In Gien an der Loire gibt es eine renommierte Porzellanfabrik, die schon 1820 gegründet wurde, und es ist überhaupt für seine Töpferwaren bekannt.

Entfernungen

km		
	Nantes	675
	95 km	
95	**Angers**	580
	45 km	
140	**Saumur**	535
	64 km	
204	**Tours**	471
	24 km	
228	**Amboise**	447
	34 km	
262	**Blois**	413
	49 km	
311	**Orléans**	364
	47 km	
358	**Chambord**	317
	71 km	
429	**Chenonceaux**	246
	95 km	
524	**Chinon**	151
	151 km	
675	**Nantes**	km

In Sully-sur-Loire residierte der geniale Finanzminister Henris IV. links oben
Arabesken aus Hecken und Blumen im allegorischen Liebesgarten von Villandry. links unten
Lebendiges Mittelalter: Château und Kirche Saint-Ours in Loches. oben

Route 5

Burgund und Massif Central

Chablis, Côte d'Or oder Nuits-Saint-Georges – Weinkenner horchen bei den großen Namen auf. Das Burgund: Das sind noble Weinberge, akkurat wie mit der Nagelschere geschnitten, und vollendet schöne Baukunst. Ganz anders das Massif Central: herb, karg und urtümlich mit seinen erloschenen Vulkanen in der Auvergne oder einsamen Wegen durch die wilden Schluchten der Cevennen.

Im Burgund herrscht die Farbe Grün vor – unterbrochen nur von den warmen Farbtönen der Schlösser und Dörfer, hier Berzé-le-Châtel.

Weinberge, Kunst und Kirchen

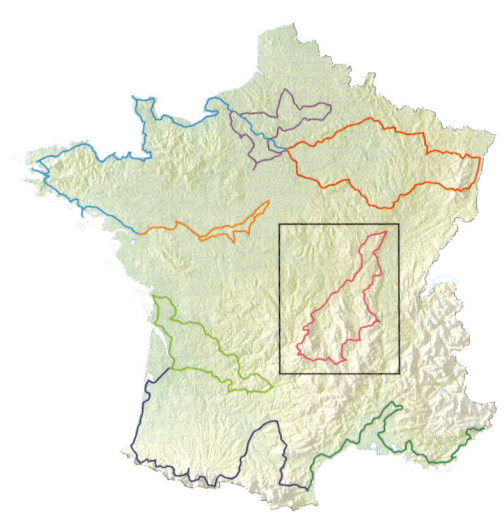

Während der Hundertjährige Krieg Frankreich verwüstete, stieg Burgund zur ersten Macht Europas auf: In der »goldenen Zeit« blühten die Künste, weltberühmte Maler wie Rogier van der Weyden oder die Brüder van Eyck schufen Meisterwerke für den prunkliebenden Herzogshof. Nach Südwesten wird das Land faszinierend: In der Auvergne weichen die Weinberge unverfälschter Natur.

Strahlende Lebensfreude à la française – kein Wunder bei so viel Natur, Kultur und besten Weinen.

Es wäre fast zu schade, mit dieser Reise erst in Dijon zu beginnen und damit eine Region links liegen zu lassen, die an natürlichen Reizen wahrlich nicht arm ist: die Franche-Comté. Wer in Mulhouse die französische Grenze überquert, kommt fast zwangsläufig durch die historisch gewachsene – wörtlich übersetzt – »Freie Grafschaft« zwischen der Schweiz und dem Burgund. Besançon ist die Hauptstadt der unglaublich vielfältigen Region mit ihren sattgrünen Wiesen und steilen Kalkfelsen, die man am besten abseits der Autobahn auf den Nationalstraßen 83 und 73 oder noch kleineren Départemental-Straßen kennen lernt. Man sollte der malerischen Stadt an einer Schleife des Doubs einen Besuch abstatten und am Quai Vauban flanieren oder die Zitadelle besuchen, von der sich ein schöner Ausblick auf Stadt und Fluss bietet.

Weinparadies Burgund. In Dijon sind wir schon mitten in Burgund. Hier wurde der historische Stadtkern mit seinen Fachwerkhäusern und anderen historischen Bauten mit großer Sachkenntnis restauriert, für Historiker und Architekturfans ist das ein einziges großes Freilichtmuseum. Man sollte sich also die Zeit nehmen und die Stadt von der Place de la Libération und dem Palais des Ducs de Bourgogne aus

erkunden, dem Musée des Beaux-Arts einen Besuch abstatten und sich dann langsam auf die Suche nach einem netten Restaurant für den Abend begeben. Denn schöner kann die Reise ins Burgund und in die Auvergne kaum beginnen als mit einem stilvollen Menü in der Hauptstadt Dijon, wo Essen und Trinken mindestens so wichtig zum Leben sind wie die Luft zum Atmen. Und dann sollte man am nächsten Morgen unbedingt bei einem Café au lait an der Place Rude diese einzigartige französische Stimmung einatmen, sollte Franzosen dabei beobachten, wie sie der Hektik zum Trotz voller Muße mit der obligaten Zigarette im Mundwinkel ihren Café schlürfen.

Richtung Südwesten. Augustodunum hieß die Kleinstadt Autun zu Zeiten der Römer, die unter Kaiser Augustus ein Theater, ein Amphitheater und einen Tempel erhielt. Die Überreste des einst gewaltigen Amphitheaters, die Ruinen des über 20 Meter hohen Tempels und die beiden gut erhaltenen Tore der Stadtbefestigung, Porte d'Arroux und Porte Saint-André, zeugen davon, dass Autun einst tatsächlich in Konkurrenz zu Rom gestanden haben muss. Das schönste und berühmteste Bauwerk der Stadt, die Kathedrale Saint-Lazare, entstand allerdings erst im 12. Jahrhundert und ist

Baustoff aus der Natur:
Viele Häuser in der
Auvergne wurden aus
rötlich braunem Basalt-
stein gebaut, wie ihn die
erloschenen Vulkane lie-
fern.

vor allem wegen der Darstellung des Jüngsten Gerichts von Gislebertus auf jeden Fall einen Besuch wert.

Die Nationalstraße 80 führt nun durch waldreiche und hügelige Landschaft an einer Stadt vorbei, die weniger durch Land- oder Holzwirtschaft von sich reden machte, als vielmehr wegen einer ohrenbetäubenden Erfindung, dem Presslufthammer. So begrüßt denn auch ein überdimensionales Exemplar den Besucher an einer Straßenkreuzung in Le Creusot und weist symbolisch darauf hin, dass die auf mehreren Hügeln gebaute Stadt heute neben Montceau-les-Mines ein modernes Industriezentrum ist. Wer sich davon ein Bild machen möchte, kann das Ecomusée besuchen, aber eigentlich ist es viel reizvoller, seine Fahrt in das immergrüne Charolais fortzusetzen.

Üppiges Charolais. Die mächtigen Rinder haben diese Gegend weit über ihre Grenzen berühmt gemacht: Offensichtlich bekommt das fette und gesunde Gras den niedlichen Charolais-Kälbern so gut, dass sie innerhalb von nur drei Jahren 700 Kilogramm schwer werden. Wer also eine Sättigung vertragen könnte, sollte vor dem Kulturprogramm in Paray-le-Monial mit einem saftigen Entrecôte für sein leibliches Wohl sorgen. Im Jahr 971 entstand an die-

sem Ort ein Benediktinerkloster, dem zwischen 1090 und 1110 eine Basilika nach dem Vorbild Clunys hinzugefügt wurde. Richtung Westen verläuft die Départemental ein kurzes Stück parallel zur Loire, bevor man sie überquert. Nun ändert sich auch langsam die Landschaft, im Süden tauchen bereits die ersten zarten Bergkämme auf, südlich der Route Nationale beginnt die Auvergne, in deren nördlichen Ausläufern Vichy liegt. Franzosen wie Deutsche verbinden mit dem mondänen Kurort die Schreckensherrschaft der Nationalsozialisten. Er war zwischen 1940 und 1944 Sitz der französischen Regierung unter Marschall Pétain, die mit den deutschen Besatzern gemeinsame Sache machte. Das Verteidigungsministerium residierte im heutigen Thermalbad, während die Gestapo das Hôtel du Portugal in Besitz genommen hatte. Kaum etwas erinnert an diese unsägliche Zeit, und die Kurgäste in den Wandelhallen des Parc des Sources haben andere Sorgen, als in der hübschen Stadt nach Spuren der Vergangenheit zu suchen.

»Es schien, als ob die Welt ihr Alter abschüttelte und ablegte und sich mit einem weißen Mantel von Kirchen bedeckte.«
Radulfus Glaber, Historiae, 1026/1045

Mittelpunkt aller Gourmetfreuden ist zweifellos Lyon – hier leuchten Sterne über der Tafel. oben
Rauschendes Hochzeitsfest in der Auvergne. Mitte
Die steilen Kalkfelsen im Massif Central eignen sich hervorragend zum Erklimmen. unten
Schroffe Berge, tiefe Täler, Wasserfälle, Seen – Naturparadies Monts Dore/Auvergne. rechts

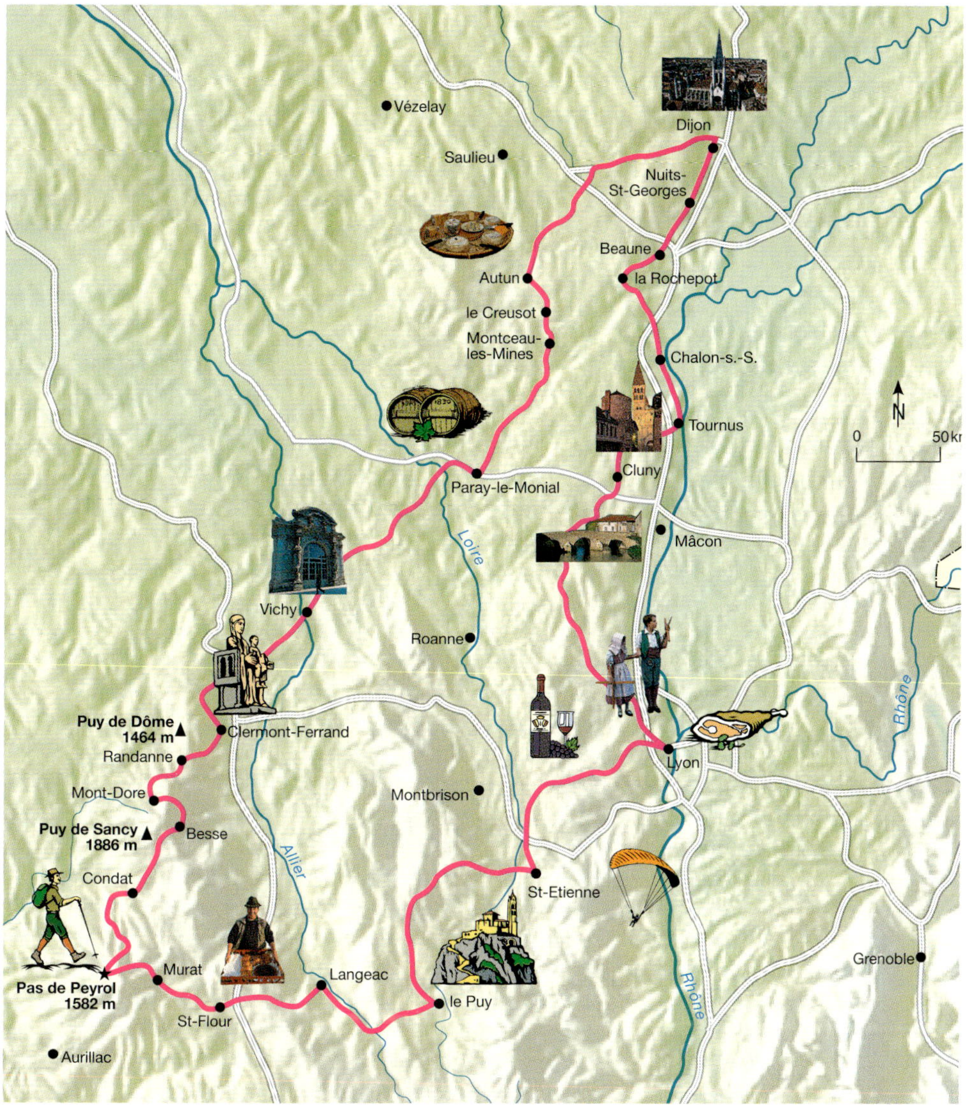

Land der Vulkane. Eher im Verborgenen liegen in Clermont-Ferrand die Zeugnisse aus vergangenen Jahrhunderten, sieht man einmal von den Renaissancebauten und den beiden Kathedralen Notre-Dame-de-l'Assomption mit einigen herrlich gefertigten Fenstermosaiken und der Kirche Notre-Dame-du-Port ab. Ansonsten ist die Hauptstadt der Auvergne geprägt von der Industrie – hier ist seit Mitte des vergangenen Jahrhunderts der Firmensitz des Reifenherstellers Michelin. Und so darf man sich nicht wundern, dass oft graue Dunstschleier über der Stadt hängen, die den Blick auf die eigentlichen Naturereignisse dieser Region versperren. Aber an klaren Tagen kann man sie im Westen in der Ferne sehen, diese seltsamen Kegel, die »Puys«, fast achtzig tief schlummernde Vulkane. Manche von ihnen sind älter als 20 Millionen Jahre.

Man ist im größten und einem der schönsten Regionalparks Frankreichs, dem Parc Naturel Régional des Volcans d'Auvergne. Im Sommer bevölkern Wanderer die Herbergen in den Dörfern der waldarmen Region. Im Winter kann es hier bitterkalt werden, und dann schnallen die Wanderer eben Skier unter ihre Schuhe. Von der Départemental 941A zweigt eine Maut-Straße ab zum 1465 Meter hohen Puy de Dôme. Stilvoller ist es natürlich, den Vulkangipfel zu erwandern, wer aber weniger schweißtreibend nach oben möchte, kann

Weinberge, Burgen, gemütliche Dörfer – im Beaujolais. oben
Klingender Name für einen großen Wein: Aloxe-Corton. Mitte
In Dijon, wo die Herzöge Burgunds residierten, gibt es noch viele Spuren der großen Vergangenheit – in der historischen Altstadt und im Musée des Beaux-Arts mit seinen Kunstschätzen.
unten

Die strenge asketische Schönheit romanischer Baukunst (Paray-le-Monial) großes Bild kann nicht darüber hinwegtäuschen, dass in Burgund (hier Dijon) Mitte und der Auvergne oben und unten das Leben genossen wird, wann immer es geht.

das auch im Auto tun und wird mit einer tollen Fernsicht belohnt. Weiter südlich bei Randanne folgt man der D983 und gelangt in das Bergstädtchen Le Mont-Dore, wo die Dordogne entspringt, die nach einigen hundert Kilometern mäanderndem Lauf bei Bordeaux in die Garonne mündet. Bis zu 1885 Metern windet sich der Puy de Sancy empor, der höchste Gipfel dieses Monts Dore genannten Gebirgszuges; bei klarem Wetter lohnt sich die Fahrt hinauf mit der Drahtseilbahn auf jeden Fall. Die D36 führt über Besse-en-Chandesse wieder hinaus aus dieser spektakulären Landschaft, aber nicht allzu lange, denn wenn man D978 und D687 über Condat folgt, gelangt man in die Berge des Cantal. Es ist eine der größten Vulkanlandschaften Europas, und wer mit dem Auto den Pas de Peyrol am kargen Vulkankegel Puy Mary entlang überwindet, der tut sich schwer mit der Vorstellung, in einer Landschaft

mitten im Herzen Europas zu sein. Über Murat, Saint-Flour und Langeac erreicht man schließlich Le Puy, Hauptstadt des Département Haute-Loire. Schon von weitem ist die monumentale Madonnenstatue auf dem Rocher Corneille zu sehen. Bevor man aber auf ihrer Wendeltreppe im Innern nach oben steigt, um die herrliche Aussicht zu genießen, muss man an die mächtige Türe der berühmten Wallfahrtskirche Notre-Dame aus dem 12. Jahrhundert, am Fuß des Felsens gelegen, anklopfen. Etwas mystisch mutet ihr dunkler Innenraum an, es fehlen große Fenster, und die Beleuchtung scheint absichtlich spärlich gehalten zu sein. Dazu passt auch die Statue der Schwarzen Muttergottes, die Louis IX. im 13. Jahrhundert von einem seiner Kreuzzüge mitbrachte. Dieses Exemplar ist allerdings nur eine Kopie des in der Französischen Revolution verbrannten Originals; jedoch den Massen von Pil-

gern, die Jahr für Jahr nach Le Puy kommen, scheint es recht zu sein. In früheren Tagen war der Ort eine Zwischenstation auf dem langen Pilgerweg nach Santiago de Compostela, was die Bekanntheit Le Puys über Frankreichs Grenzen hinaus förderte. Beim Verlassen dieses liebenswerten Städtchens bietet sich ein Besuch des 85 Meter hohen Vulkankegels Aiguilhe im Norden an: Zur Kapelle Saint-Michel d'Aiguilhe aus dem 10. bis 12. Jahrhundert führen 268 Stufen. Wer sich weniger für die Fresken im Innern interessiert, der sollte einfach nur den Rundblick genießen, auch auf den Rocher Corneille. Blickt man hingegen in nördlicher Richtung, hat man vor Augen, was gerne auch als die »Toskana der Auvergne« bezeichnet wird: Bis 1600 Meter hoch sind die Bergrücken der Monts du Livardois und Monts du Forez im Nordwesten, eine Mittelgebirgslandschaft aus dem Bilderbuch: Wälder, Täler, grüne Wiesen. Und mittendurch schlängeln sich die kleinen Landstraßen. Es lohnt sich, hier und da Rast zu machen, beispielsweise an der Loireschleife, den Hinweisschildern zu einem Schloss oder einer Burgruine zu folgen. Oder mit Messer und Korb ausgestattet im Herbst auf Pilzsuche zu gehen – wer leer ausgeht, kann sein Körbchen auf dem Wochen-

Baumlose, grasbewachsene Hänge und ein weiter Blick: In den Monts Dore schlägt das Herz der Auvergne. oben und unten
Die Madonna von Orcival aus dem 12. Jahrhundert ist das Ziel vieler Wallfahrer. links

markt im nahe gelegenen Saint-Etienne füllen. Die Industriestadt ist arm an touristischen Reizen, einzig das 1987 eingeweihte Musée d'Art Moderne mit Werken von Picasso, Léger und Miró könnte einen Besuch wert sein. Aber wenn man sich schon nach soviel bezaubernder Landschaft im Massif Central auf einen Stadtbummel eingestellt hat, dann sollte man Lyon ansteuern – entweder auf direktem Weg über die Autobahn oder auf den D12 und 11. Die Stadt hat es in sich.

Lyon – Stadt der Gourmets. Freilich wird man bei einem Bummel durch die Stadt nicht herausfinden, ob das Vorurteil wirklich zutrifft, dass die Lyonnais sehr verschlossen seien und keinen Spaß verstünden. Man wird aber einen Eindruck von der Geschäftsmäßigkeit der drittgrößten französischen Stadt bekommen, wird sich vielleicht in den »Traboules« der Altstadt und des Viertels Croix-Rousse, diesen zwischen den Häusern hindurchführenden labyrinthartigen Passagen und Gängen, verlaufen und mit der Seilbahn auf den 170 Meter hohen Fourvière fahren, um die Stadt zwischen Rhône und Saône von oben zu bewundern. Ach ja, und da ist natürlich noch die neu gewonnene gastronomische Exklusivität. Wie in keiner anderen Stadt kämpfen die Küchenchefs von Lyon um

Fruchtbare Landschaften im Lyonnais **großes Bild und Mitte**, Weinbaugebiete, romantische Städtchen wie Salers im Cantal **unten** und stolze Burgen wie das Château de Val **oben** – Burgund und Zentralmassiv sind gesegnete Fleckchen Erde.

Sterne und Kochmützen, und neben dem »König der Köche«, Paul Bocuse, reüssieren immer mehr Künstler der Cuisine. Dabei kennen allerdings die Preise keine Grenze nach oben hin, und wer beim Dinieren vor allem auf das Sattwerden achtet, sollte nach den »Bouchons« suchen, kleinen Restaurants, die pfiffige Menüs anbieten.

Das Beaujolais. Oder er sollte sich auf den Weg ins Beaujolais machen, dieser gut 50 Kilometer langen, vorwiegend aus Granit bestehenden Bergkette im Süden Burgunds, am besten auf kleinen Landstraßen, vielleicht auf Weinbergwegen, die sicher irgendwo in einem Dorf, einem Weingut oder eben einem Restaurant enden. Nach der Hektik in der Stadt tut das Beaujolais richtig gut, und wer Zeit und Muße hat,

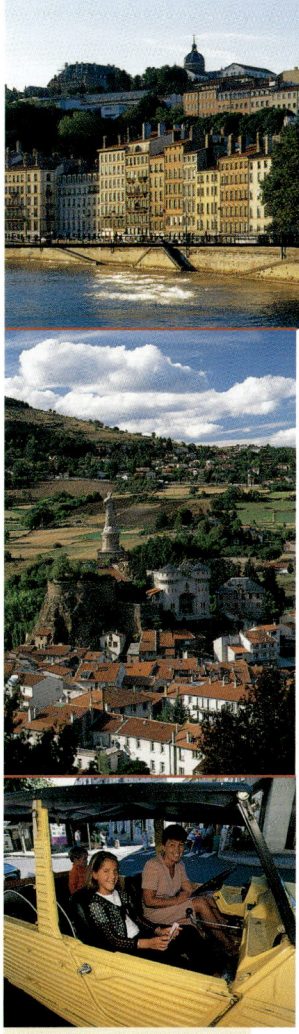

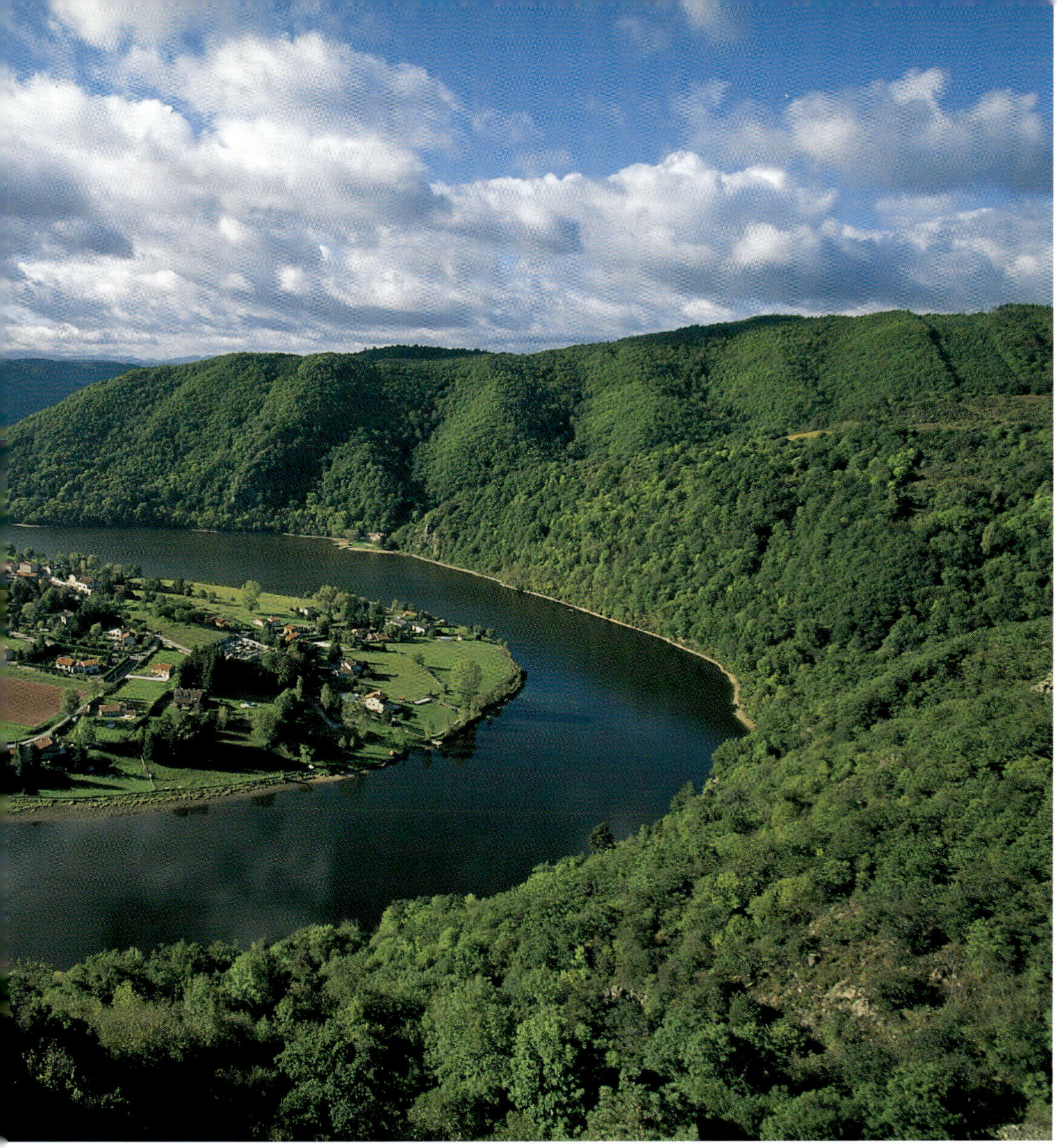

sollte sich hier, im Land der Herren von Beaujeu, ein paar Tage ausruhen. Juliénas oder Chénas, Morgon oder Fleurie – Namen von önologischem Weltruf. Es sind leichtere, süffigere, aber dennoch gehaltvolle Weine, die aus der Gamay-Traube gewonnen werden und in denen Kenner die Verspieltheit der Landschaft, den sanften Charakter der Weinberge und dieses seltsam anmutende diffuse Licht wieder erkennen. Tatsächlich schmeckt der Beaujolais frisch am besten, was die Marketingstrategen auf die Idee brachte, ein weltweites Weinfest zu feiern: Kaum hat sich der junge Wein in der Flasche beruhigt, wird er Anfang November in die ganze Welt verschickt, um als Beaujolais Primeur den Leuten den Kopf zu verdrehen. Da wird dann nicht immer der reinste Wein eingeschenkt.

Machtvoller Glaube. In der Geschichte von Cluny hingegen ging es um den wahren Glauben, die reine Lehre war den Benediktinern heilig, als sie ihre Abtei, ein »Wunder des Abendlandes«, um 910 gründeten. Gegen Ende des 11. Jahrhunderts stellte Papst Gregor VII. seinen Benediktinerkollegen diesen Freibrief aus: »Von allen jenseits der Berge zur Ehre des allmächtigen Gottes gegründeten Klöstern ist nur Cluny im eigentlichen Sinne der Sitz Petri und ein mit der römischen Kirche besonders verbundener Ort.« Leider ist von der kapitalen Kirche Saint-Pierre-et-Saint-Paul nur noch ein kleiner Rest zu sehen, aber selbst dieser vermittelt einen bleibenden Eindruck von der einstigen Größe der Abtei samt der siebentürmigen Kirche. Zwei solcher imposanter Türme reichen der Kirche von Tournus, um Fortsetzung Seite 106

Zentrum der Seidenindustrie und Messestadt: Lyon. oben und unten
Eine Heiligenfigur thront oft auf dem Hügel, hier in Le Puy-en-Velay. Mitte

Wie aus einer düsteren Sagenwelt zum Leben erwacht: die kleinen Orte um Le Puy-en-Velay in der Auvergne.

Les Trois Glorieuses – Ruhm der Weinbaukunst

Der Werbeprospekt bringt es pathetisch auf den Punkt: »Gönnen Sie sich eine Entdeckungsreise zu den Quellen des Guten und Schönen im Leben!« Gut und schön, aber wann ist es am besten und am schönsten im Burgund? Auch da hilft uns das Faltblatt des burgundischen Fremdenverkehrsverbandes weiter: immer. Freilich hat das Burgund zu jeder Jahreszeit seinen Reiz, doch scheinen Juli und August wie geschaffen für einen Aktivurlaub in der Bourgogne – bei der Anzahl an Festen und Feierlichkeiten kann gar keine Langeweile aufkommen. Aber auch in den anderen Monaten ist der Terminplan voll: Rund ums Jahr findet donnerstags in Saint-Christophe-en-Brionnais die berühmte Auktion mit Charolais-Rindern statt, und jeden Montag werden in Moulins-Engilbert Schafe versteigert. Wer im Frühjahr eine Reise ins Burgund plant, sollte schon im März aufbrechen und die traditionelle Weinversteigerung in Nuits-Saint-Georges miterleben. Allemal ein Erlebnis, auch wenn man weder im Voraus die Tropfen einer Lage subskribieren möchte noch (Kauf-)Interesse an alten (und teuren) Raritäten hat. Im Mai stehen in Dijon die Antiquitätenmesse und in Mâcon die Französische Weinmesse auf dem Programm, eine sehr gute Gelegenheit, sich ein umfassendes Bild über alle Weine und Anbaugebiete des Landes zu machen.

Ein weiter Weg von der Traube zum Spitzenprodukt: Bevor die jungen Burgunderweine im Keller der Vollendung entgegenreifen, sind viel manueller Einsatz und eine gehörige Portion Sachverstand nötig.

Die schönsten Routen durch Burgund

Der »Circuit des Eglises romanes du Brionnais«
führt zu etwa dreißig Kirchen und Kapellen aus
der Zeit der Romanik.

Auf der »Straße der Burgunderherzöge« geht es
von Auxerre über Châtillon-sur-Seine und die
Abtei Fontenay bis nach Beaune.

Die 500 Kilometer lange »Route des Grands
Crus« führt durch Weinberge und Dörfer mit großen Namen.

Die »Route de la Pierre et du Vin« ist nur 60
Kilometer lang, aber zwischen Beaune und Cluny
warten historische Stätten, malerische Dörfer
und Kirchen, Kapellen und Schlösser.

Grüner Weg, »Voie verte«, heißt ein 44 Kilometer langer Weg für Wanderer und Radfahrer entlang der ehemaligen Bahnlinie Givry-Cluny.

Zwischen Juli und September steht das
Burgund ganz im Zeichen des »Festival
des Grands Crus de Bourgogne«, musika-
lischen Leckerbissen, zu deren Höhe-
punkten die »Grandes Heures« in der
Abteikirche von Cluny gehören. Cluny ist
im Juli auch das Zentrum von »Les Médi-
évales«, einem Fest, in dem farbenfroh
das Mittelalter lebendig wird.

Und nur ein paar Kilometer entfernt – in
der Zeitrechnung aber einige Jahrhunderte später – feiert man in der Stadt Beaune
das Internationale Barockmusikfestival.
Überhaupt ist im Juli und August in
jedem Dorf und jeder Stadt irgendetwas
los, und sei es nur das Drehleierfestival in
Anost ... Der September steht ganz im
Zeichen der »vendange«, der Weinlese,
und einer der Höhepunkte ist die »Fête de
la Pressée« in Chenôve, wo der Federwei-
ße, der neue Wein, von einer Kelter aus
dem Jahr 1404 fließt.

Jünger, aber mindestens ebenso tradi-
tionsreich ist das Fest der »Drei Glorrei-

chen« am dritten Wochenende im November: Samstags öffnet das sagenumwobene,
weltberühmte Weingut Clos Vougeot seine
Pforten, sonntags wird in Beaune eine
Weinversteigerung zelebriert, und mon-
tags enden die »Trois Glorieuses« mit
einem Festmahl in Meursault. In Saint-
Bris-le-Vineux gibt es später einen Weih-
nachtsmarkt – in den unterirdischen
Lagern der Sektkellereien.

Wo mit Erfolg und Liebe
zum Detail der Welt
bester Wein gekeltert
wird, gibt es immer
einen Grund zum Feiern.
In Burgund werden die
Traditionen sorgsam
gepflegt, aus denen so
viel Gutes erwächst.

wenigstens einen Teil der hektischen Autofahrer auf der viel befahrenen N6 zum Stopp zu animieren: die ungleichen Glockentürme der Abteikirche Saint-Philibert, deren Anfänge noch älter sind als die ersten Bebauungen in Cluny und die als das schönste Beispiel romanischer Baukunst im Burgund gilt. Unweit der Klostermauern ist in einem Haus aus dem 17. Jahrhundert ein kleines Museum untergebracht, das auf sehr angenehme Weise das Leben im Burgund von damals bis heute dokumentiert: Die Palette reicht von Spitzen aus Cluny bis hin zu antiken Möbeln. Châlon-sur-Saône und seine reizende, leider nur teilweise vom Autoverkehr befreite Altstadt bietet sich als Zwischenstation auf dem Weg nach Beaune an. Vor allem Fotoenthusiasten werden im Musée de la Photographie nicht enttäuscht, denn in Châlon schuf Nicéphore Niepce am Ende des 18. Jahrhunderts die Voraussetzungen für die Photographie.

Goldenes Burgund. An Motiven ist das Land mit seinen sanften Weinhängen und schlossartigen, noblen Weingütern wahrlich nicht arm. Eine hübsche Aussicht über

die Weinberge bietet sich von der Terrasse des Schlösschens La Rochepot. Wein spielt die alles entscheidende Rolle im Burgund. Man ist mitten in Frankreich, und doch kommt einem das Land hier irgendwie fremd vor. So ganz anders als in der Auvergne zum Beispiel, wo das Leben noch bodenständiger verläuft. Je weiter man ins Herz der Bourgogne dringt, je näher man den großen Clos kommt, den Weinen von Welt, desto geschniegelter werden die Dörfer, die Häuser sind proper und die Gärten grün und gepflegt. Wer sehen will, sieht es: Hier regiert der Wohlstand. In Beaune, seit dem 14. Jahrhundert neben Dijon der Sitz der Herzöge von Burgund, findet er seinen wahren Ausdruck,

---

Paradies der Romanik

Besonders im Burgund, aber auch in der Auvergne begegnet man auf Schritt und Tritt Zeugen der Romanik, seien es Kirchen oder Klöster: Tournus und Vézelay, Paray-le-Monial und natürlich die Überreste der gewaltigen Basilika von Cluny stehen für die herausragende Bauweise der romanischen Architektur, in der Auvergne zählen vor allem die Basiliken von Le Puy und Brioude zur romanischen Baukunst.
Es war eine glückliche Fügung, dass sich in der Mitte Frankreichs Ende des 9. Jahrhunderts zahlreiche Glaubensgemeinschaften niederließen, die von Prälaten und Äbten Unterstützung beim Bau ihrer Gotteshäuser erfuhren. In der romanischen Baukunst sind die einzelnen Teile wie Schiffe, Vierung, Querhaus, Chorpartie und Türme klar voneinander abgesetzt; neue Formen entstehen, wie beispielsweise der gebrochene, spitze Bogen statt des bis dahin verwendeten Rundbogens.

Burgen und Schlösser in Hülle und Fülle Mitte, Château de Cormatin oben.
Café in Lyon. unten
Aus der Vogelperspektive zeigt sich die Kleinteiligkeit burgundischer Wiesen und Felder. großes Bild

vor allem wegen der vielen mittelalterlichen Häuser, die heute stilvoll als Weinkeller bzw. Wein-Handelshäuser genutzt werden. Touristischer Mittelpunkt ist das Hôtel-Dieu, das im 15. Jahrhundert als Kranken- und Armenhaus gebaut wurde und heute ein schönes Museum birgt. In einem Weinführer stand zu lesen, dass schon der Name Bourgogne wie ein »voller Glockenton« klinge – fürwahr eine treffliche Umschreibung. Denn keine Frage, die Tropfen der Côte d'Or sind vollmundig, edel – und teuer; ihr Genuss kann in Verbindung mit kulinarischen Freuden und entsprechenden Herbergen arg an der Urlaubskasse zehren. Am schönsten ist die Stimmung entlang der »goldenen (Wein-)

Küste« im September zur Weinlese, wenn Traktoren rattern und dieser typische Duft von Gärung und Maische aus den Kellern dringt. Dann treffen sich die professionellen Weinhändler und Gourmets vor allem in Nuits-Saint-Georges, wo viele Négociants ihren Sitz haben. Es wird verkostet, gespeist, debattiert und gehandelt, und schließlich wird der junge Wein, der noch in Fässern reifen muss, in Subskription gekauft. Man sollte sich gut auskennen, ehe man die horrenden Summen für einen alten Tropfen auf den Tisch legt. Dann schon lieber andersherum: Kaufe einen jungen Burgunder und vergiss ihn einfach für die nächsten Jahre, besser noch: Jahrzehnte!

Ein typisches Weindorf im Mâconnais: Brancion. oben
Seit Jahren zieht es vor allem junge Besucher nach Taizé. Mitte
Noch immer eindrucksvoll – grandiose Reste von Cluny. unten

Planen und erleben ...

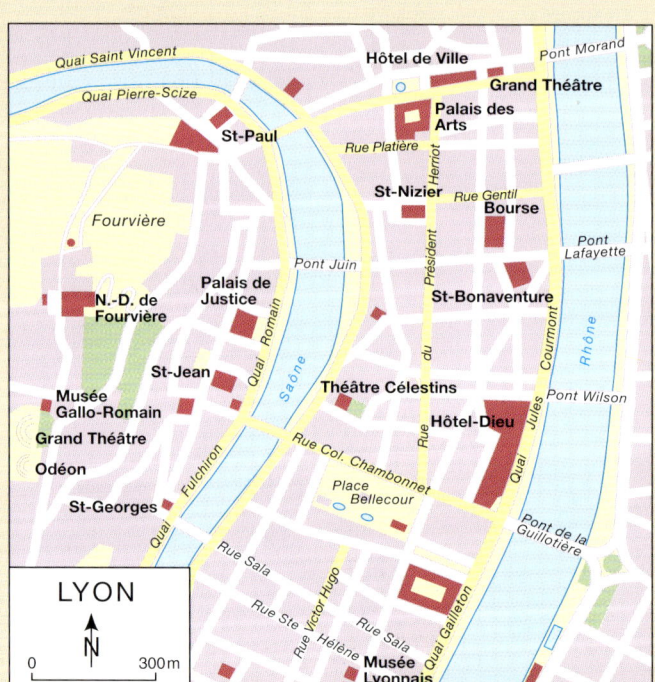

DIE HIGHLIGHTS

Paray-le-Monial

Es ist ein erhabener Anblick, wenn die Abendsonne die dicken Mauern der romanischen Kirche in warmes Licht taucht. Aber deshalb pilgern die Gläubigen nicht nach Paray-le-Monial, einem der meistbesuchten Wallfahrtsorte Frankreichs. Der Anlass ist vielmehr die Verehrung der Halbweisen und Nonne Marguerite-Marie Alacoque, der Jesu 1671 im Gebet erschien und sie zur Einführung des Kultes vom Sacré-Cœur, dem heiligen Herzen Jesu, aufforderte. Ursprünglich war Paray eine bescheidene Gemeinde, in der bereits im Jahr 971 ein Kloster gegründet wurde, das bald schon Cluny angeschlossen wurde. Ende des 11. Jahrhunderts erbaute man die Basilika Notre-Dame, die Cluny vom Grundriss bis zur Gestaltung nachempfunden wurde. Sie ist eines der schönsten romanischen Bauwerke in ganz Frankreich.

Lyon

Lugdunum war bereits 43 v. Chr. römische Kolonie und wegen des Zusammenflusses von Rhône und Saône ein wichtiger Handelsplatz. Vielleicht nähert man sich der Stadt am besten, indem man sie dreiteilt: La Croix-Rousse ist der »Hügel der Arbeit«, Fourvière der »Hügel der Inspiration« und La Part-Dieu die futuristische »Stadt in der Stadt«. Und wollte man es ganz genau nehmen, sollte mit Presqu'Île noch das Zentrum Lyons zwischen den beiden Flüssen Rhône und Saône hinzukommen.

Hier, an der weitläufigen Place Bellecour mit dem Reiterstandbild Louis' XIV., sollte auch der Spaziergang durch die Innenstadt beginnen. Nur muss man sich entscheiden, ob man lieber in das Arbeiterviertel La Croix-Rousse mit seinen weit verzweigten »Traboules«, den tunnelartigen Gängen, geht (oder besser mit der U-Bahn fährt) oder ob man die sorgfältig restaurierten Renaissancebauten im Vieux Lyon westlich der Saône besucht. Von hier aus lässt sich auch der Hügel Fourvière erklimmen, auf dem die Basilika Notre-Dame-de-Fourvière thront. Aber Vorsicht: Im alten Lyon gibt es einige hervorragende Restaurants, und ein gutes französisches Menü braucht bekanntlich seine Zeit, macht träge und fordert somit auch seinen Tribut bezüglich der Unternehmungslust ...

Cluny

Ein fünfschiffiges Langhaus, 187 Meter lang, 30 Meter hoch, sieben Türme, zwei Querschiffe mit Apsiden (Altarnischen), einen runden zu umgehenden Chor, eine dreischiffige Vorkirche und reichlich Verzierungen und Malereien – das war bis zur Errichtung des Petersdoms in Rom die größte Kirche der Christenheit. Und sie stand in Cluny. Abt Pierre le Vénérable hatte sie 1135 fertig gestellt, neben der Benediktinerabtei, von der seit 910 eine bedeutende Reformbewegung für das abendländische Mönchtum und die Gesamtkirche ausging.

Château de Cordès, ein Herrensitz im Südwesten der Monts Dômes. oben
Hier wird noch stilvoll vorgefahren – beim Oldtimertreffen in Beaune.
Mitte
Fast geschafft: die letzten Stufen zum Gipfel des Puy de Sancy/Monts Dore. unten

Morvan-Naturschutzpark

Der Morvan-Naturschutzpark, südöstlich von Vézelay gelegen, ist hierzulande kaum bekannt, und auch Franzosen aus dem Süden oder Norden haben ihre Probleme, diesen Landstrich geographisch einzuordnen (es sei denn, sie erinnern sich, dass die Autoroute Paris–Lyon das Morvan streift). Das Wort Morvan stammt aus dem Keltischen und bedeutet schwarzer Berg, und so wirkt diese menschenleere Gegend auch aus der Ferne. Am Haut-Folin erreicht das Granitplateau mit 901 Metern seine höchste Erhebung. Die Abgeschiedenheit und Ruhe der riesigen Eichen-, Buchen- und Nadelwälder macht diese sanft bergige Landschaft, die noch zum Zentralmassiv gehört und sich ins Burgund verirrt zu haben scheint, zu einem echten Paradies für Naturfreunde. An den vielen natürlichen Seen, den Stauseen und Flüssen kann man wildromantisch campen, und Wanderer finden rund um die bis zu 800 Meter hohen Berge noch reichlich einsame Pfade.

Entfernungen

km		
	Dijon	986
	87 km	
87	**Autun**	899
	71 km	
158	**Paray-le-Monial**	828
	130 km	
288	**Clermont-Ferrand**	698
	278 km	
566	**Le Puy**	420
	165 km	
731	**Lyon**	255
	107 km	
838	**Cluny**	148
	37 km	
875	**Tournus**	111
	72 km	
947	**Beaune**	39
	39 km	
986	**Dijon**	km

Während der Revolution wurden Kirche und Abtei fast vollständig zerstört, aber selbst der übrig gebliebene Rest, das südliche Querschiff, gibt einen lebendigen Eindruck von der Größe, die dieses Gotteshaus einst hatte. Lohnend ist auch ein Gang durch die Ruinen und ein Besuch des Musée Ochier mit Funden aus der Abtei.

TIPPS FÜR UNTERWEGS

Ein Besuch in einem der Clos, den berühmten Weingütern, ist in Burgund Pflicht. Hier ein paar Tipps zum Wein: Die Weine aus dem Burgund kommen aus den fünf Regionen Chablis, Côte de Nuits, Côte de Beaune, Côte Chalonnaise, Mâconnais und Beaujolais. Anders als etwa im Bordeaux ist das Burgund mit 40 000 Hektar Rebfläche (100 000 in Bordeaux) das Land der Kleinwinzer: Die meisten besitzen gerade mal 2 oder 3 Hektar, und jeder, der mehr als 10 Hektar Land sein eigen nennt, zählt fast schon zu den Großgrundbesitzern. Das französische Appellationssystem ist kompliziert, allein im Burgund werden hundert verschiedene Appellationen unterteilt. Sie lassen sich in fünf Kategorien aufteilen: Regionalweine, Bezirksweine, Gemeindeweine, Premiers Crus, Grands Crus. Wer sich einen edlen Tropfen zulegen möchte, sollte über Jahrgänge und Lagen Bescheid wissen. Bevorzugte Weißweintraube ist Chardonnay, die als die berühmteste Rebsorte der Welt gilt, und beim Roten der Pinot Noir, eine krankheitsanfällige Traubensorte, die aber einen lagerungsfähigen Wein ergibt.

Die Auvergne gilt als wahres Paradies für Wanderer. In den Syndicats d'Initiative bekommt man Auskunft über die besten Routen.

Saint-Victoire-la-Rivière: Das Dorf ist die Heimat des Saint-Nectaire-Käses – eine Wanderung durch saftig grüne Wiesen.

Die Quellen der Jordanne: Die Pfade führen an Wildwasserbächen vorbei, Heimat der Salers-Kühe mit rostrotem Fell.

Bei Chouvigny hat der Fluss Sioule wunderbare Schluchten in die Felsen gegraben.

Souvenirs

Natürlich wird man Burgund nicht verlassen, ohne dass die eine oder andere Flasche eines edlen Tropfens in den Kofferraum gewandert ist, um Jahre später den Duft der Region hervorzuzaubern. Im Massif Central stößt man auf andere traditionsreiche Handwerkskunst: In Aubusson wurden schon im 16. und 17. Jahrhundert bis zur Französischen Revolution wertvolle Gobelins gefertigt. Nach 1940 lebte die Kunst wieder auf, und so kann man heute in der Manufacture Saint-Jean zuschauen und einkaufen.

Romanik gehört zu Burgund wie der Wein: Brancion im Mâconnais. links oben
Es gibt immer etwas zu entdecken: Markttag im Beaujolais. links unten
Krumme Gässchen, reizende Winkel: In Dijon lebt das Mittelalter. unten

Route 6
Périgord und Atlantikküste

Endlose Laubwälder, schroffe Felsen und Höhlen, deren Wände mit den unglaublichsten Malereien geschmückt sind. Im milden Klima Aquitaniens ließ sich das Leben schon immer genießen, das wussten die Römer genauso wie Eleonore, die lebenslustige Königin. Am Atlantik wartet der längste Strand, im Bordelais der beste Wein, und ins Périgord locken Burgen und erlesene Gaumenfreuden.

An einer Schleife der Dordogne liegt Château Montfort, dessen tragische Geschichte mit dem Kreuzzug gegen die Albigenser verbunden ist.

Durch Frankreichs Schlaraffenland

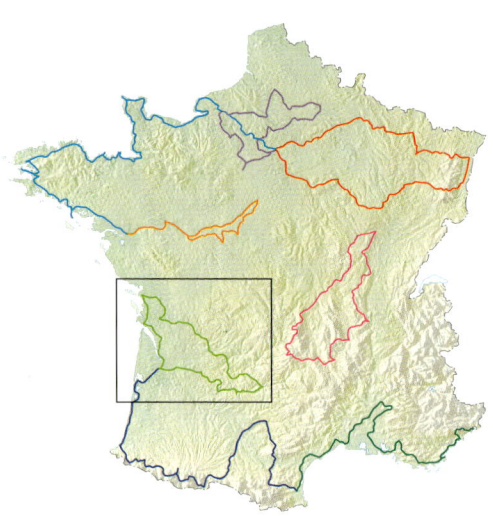

Unsere Vorfahren wussten schon, was sie taten: Bestimmt nicht zu-
fällig siedelten sich die Cro-Magnon-Menschen in dem wunderbaren
Fleckchen Erde Périgord an, das noch heute paradiesische Züge trägt,
nicht zuletzt kulinarische – Trüffel, Gänseleber und Bordeaux-Wein
sind die Höhepunkte dieser Schlemmerküche. Und der Atlantik ist
überall nah genug, um mit frischem Fisch die Tafel zu bereichern.

Sie müssen leiden, damit andere genießen können: Für die Gänse ist das Leben
im Périgord kein Zuckerschlecken. Um
ihre Leber zur gesuchten Delikates-
se zu machen, wer-
den sie gemästet.

Meistens beginnt die Liebe am Meer:
Die Küste ist lang, die Strände sind
breit. Trotz der Massen verlieren sich die
Menschen irgendwie irgendwo, und
irgendwann trifft man sich im Hinterland.
In Saint-Emilion etwa beim Wein, oder in
Sarlat beim Menü, oder in den Höhlen von
Lascaux bei den sensationellen Malereien
aus der Steinzeit. Oder während einer Pad-
deltour auf der Dordogne. Es ist leicht,
Frankreichs Schlaraffenland zu verfallen –
schließlich muss hier auch schon »Gott in
Frankreich« gelebt haben. Aquitanien
heißt die Region im äußersten Südwesten
Frankreichs, so benannt nach den iberi-
schen Volksstämmen der Aquitaner. Aber
die Vermutung liegt nahe, dass zwar den
meisten weder Bordeaux noch Lascaux
fremd sein dürften, während das Wort
Aquitanien Stirnrunzeln verursacht. Man
macht eben Urlaub am Atlantik, an der Silberküste, in den Pyrenäen oder im Périgord – alles landschaftliche wie touristi-
sche Highlights Aquitaniens, wobei gerade
das Périgord eine Entdeckungsreise für
alle Sinne bereithält. Schon Bordeaux
glänzt mit baulicher Ästhetik aus dem
18. Jahrhundert, besonders auf der linken
Uferseite; hier steht das gesamte Stadt-
viertel (5000 Häuser) des »alten« Bordeaux unter Denkmalschutz. Der Handel
mit den Kolonien und natürlich das Wein-
geschäft machten aus Bordeaux eine reiche
Stadt und die umliegenden Weingüter
(Châteaux genannt) zu Wallfahrtsstätten
von Liebhabern guter, erlesener und teurer
Tropfen.

Spitzenlagen für Genießer. Wer also vor
allem wegen des Weines nach Aquitanien
gekommen ist, der wird den Weg ins
Médoc suchen, nach Margaux und Saint-
Estèphe fahren, wo die ganz Großen zu
Hause sind, Château Lafite-Rothschild zum
Beispiel. Er wird auch wissen, dass hier
wie in den anderen, weiter östlich gelegenen Anbaugebieten des Bordeaux gilt: Wer
in einem der renommierten Châteaux eine
Weinprobe machen möchte, sollte sich vorher anmelden. Aber natürlich gibt es überall kleinere Weingüter, die sich über jeden
spontanen Besucher freuen. Auch in Saint-
Emilion, dem romantischen Städtchen in
den sanften Hügeln des Libournais, eine
halbe Autostunde von Bordeaux entfernt
auf dem Weg nach Bergerac. Man kann
auf eigene Faust bummeln oder im Syndi-
cat d'Initiative nach einer Führung durch
die sehenswerte Eglise Monolithe fragen,
der gewaltigen Kirche, die im frühen
Mittelalter von Mönchen in den Felsen
geschlagen wurde. Statt zurück auf die
Hauptstraße nach Bergerac zu fahren, bietet es sich an, querfeldein seinen Weg auf

Von den eiligen Wassern
der Dronne umspült,
dicht zugewachsen mit
wildem Wein: die alte
Wassermühle von
Château Bourdeilles.

Es muss nicht immer Trüffel sein – auch Pfifferlinge gedeihen prächtig im Périgord. oben
Vom Turm der Kathedrale lässt sich Bordeaux gut überblicken. Mitte
Auf Fundamenten der römischen Stadtmauer wurde das Château Barrière in Périgueux erbaut. unten
La Madeleine im Vézère-Tal gab einer Epoche der Frühzeit ihren Namen: dem Magdalénien. rechts

den kleinen Weinbergwegen durch das Meer von Weinstöcken zu suchen. Man kommt durch winzige herausgeputzte Dörfer und an Höfen vorbei, deren Namen önologisch Vorgebildeten nicht fremd sein dürften. Wem die Premiers Crus oder Premiers Grands Crus Classés zu teuer sind, der sollte mit einem Bergerac vorlieb nehmen. Hier gibt es durchaus Weine, die es mit den teuren Tropfen des Bordeaux aufnehmen können, dafür aber wesentlich preiswerter sind. Spätestens seit dem Kinofilm »Cyrano de Bergerac« ist der Name des schmucken Ortes an der Dordogne bekannt, und so sollte man bei einem Bummel durch die romantische Altstadt Häusern an den unglücklichen Cyrano denken, dessen Vorbild freilich nicht aus der Stadt, sondern von einem gleichnamigen Landsitz kam. Mit einem Besuch im Tabakmuseum endet der Rundgang. Der Tabak gedeiht gut im Tal der Dordogne, jenem 500 Kilometer langen Fluss, der jeden Besucher magisch in seinen Bann zieht. Monbazillac, der Name hat doppelte Bedeutung: Zum einen steht er für das gleichnamige Château, das auf einer Anhöhe oberhalb von Bergerac thront, zum anderen verbinden Weinkenner mit Monbazillac feinen Dessertwein.

Burgen und Bastiden. Die Dordogne entspringt weit im Osten, im Zentralmassiv, doch hier, zwischen La Roque-Gageac und Domme, wo sie der Landschaft ihren Namen gibt, ist sie am schönsten. Sie windet und biegt sich, schlängelt sich durch die Bilderbuchlandschaft, und als wäre es damit nicht genug, taucht hinter fast jeder Schleife eine Burg oder ein herrschaftliches Anwesen auf. Und diese alten Dörfer, wie eben La Roque-Gageac. Zwei Häuserzeilen aus dem 12. Jahrhundert, eingepfercht zwischen dem Fluß und einem riesigen, überhängenden Felsen. In den Höhlen darin wohnten Menschen, lange vor unserer Zeit, aber es soll Einheimische geben, die auch heute noch den Sommer über in den steinernen Behausungen leben, wenn es in dem wunderschönen Ort zu ihren Füßen wegen der Touristenmassen unerträglich wird. Wer Zeit und Lust hat, sollte sich ein Kanu

»... was für ein Frühstück! Omelett mit Trüffeln. Die Trüffeln gehören zur Geschichte der menschlichen Verrücktheiten und damit zur Geschichte der Kunst.«
Zbigniew Herbert, Ein Barbar in einem Garten, 1962

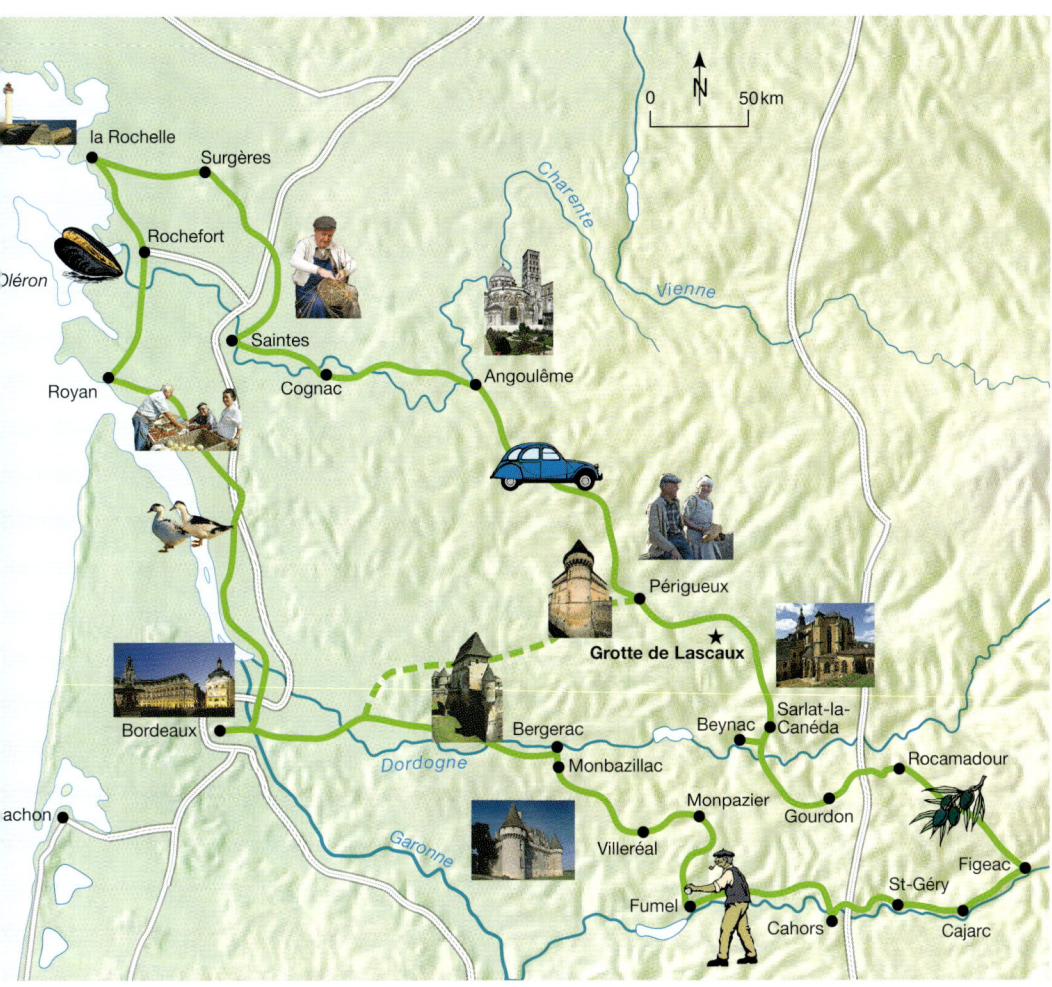

mieten und die Landschaft paddelnd genießen. Ruhe und Natur pur ohne lärmende
Zeitgenossen erlebt er freilich nur im
Frühjahr oder Herbst; in den Sommer-
monaten müsste das still dahinfließende
Wasser eigentlich wegen Überfüllung
dichtgemacht werden. Auch Domme platzt
dann aus allen Nähten, diese Bastide hoch
über dem Fluss. Wie ein Magnet zieht das
kleine Städtchen die Besucher an: Der
Blick ins weite Tal der Dordogne ist einfach nur schön, und das Wehrdorf zählt
mit seinen drei gut erhaltenen Stadttoren
zu den lieblichsten im Périgord.
Man wird dieser Region und ihren Menschen nie auf den Grund gehen können,
ohne ihre wechselvolle Geschichte zu kennen. Die Bastiden, wie Domme eine ist,
gehören dazu, rechteckig angelegte Dörfer,
die den Menschen im 13. Jahrhundert
Schutz vor englischen Soldaten boten. Und

wenn keine Mauer und kein Turm mehr
half, dann flohen die Bürger in die Grottes
de Domme, die weitläufigen Tropfstein-
höhlen unter dem Marktplatz, die auch
heute noch besichtigt werden können.
Andere Wehrdörfer der Gegend heißen
Montflanquin, Monpazier, Fumel oder
Villeréal – Bastiden aus der Zeit des Hundertjährigen Krieges zwischen den Engländern und den Franzosen.

Malerische kleine Städt-
chen, oft von einer Burg
gekrönt wie in Larroque-
Toirac oben, umgeben
von Feldern und Gärten,
in denen feine Gemüse
wachsen: im Tal des Lot.
Historischer Seehafen
von Rang: La Rochelle.
Mitte
Von der Loggia des Châ-
teau Biron mit seiner
wechselvollen Geschich-
te geht der Blick weit
übers Périgord Noir an
der Dordogne. unten
In zahllosen Schleifen
schlängelt sich der Lot
westwärts, um in die
Garonne zu münden.
links

Dem Andenken gefalle-
ner Revolutionshelden
gewidmet: das Girondis-
ten-Denkmal in Bor-
deaux. oben
Seit dem Mittelalter ein
Pilgerziel in imposanter
Lage: Rocamadour mit
seiner wundertätigen
Madonna. Mitte
Im Lot-Tal wächst Tabak
unten, während im
Département Gironde
Weinberge die Land-
schaft prägen rechts.
Die Bastide Monpazier
aus dem 13. Jahrhundert
wurde als Idealstadt mit
rechteckigem Grundriss
und regelmäßigen Stra-
ßen erbaut. großes Bild

Höhlenforschung. Ausgangspunkt für eine
Höhlentour der ganz besonderen Art
könnte Sarlat-la-Canéda sein. Die Häuser
der Altstadt wurden aufwändig restauriert,
und so fühlt man sich, wenn man über das
Kopfsteinpflaster der Gassen und Straßen
stolpert, zurückversetzt zwischen Mittelalter und Renaissance. Hier könnte eine
Zeitreise beginnen, die aber noch viel weiter zurückführt, bis zu den Ursprüngen
menschlichen Seins, zu mehr als zweihundert frühgeschichtlichen Höhlen und Aus-
grabungen. Die Amerikaner gebrauchen
für ein touristisches Highlight den Begriff
»must«, und wer das Périgord besucht,
ohne einen Blick in die faszinierende Welt
unserer fernen Vorfahren geworfen zu
haben, der hat auf jeden Fall etwas verpasst, was er eigentlich unbedingt hätte
sehen müssen.

Römisches Périgueux. Von den Entdeckungen in den Höhlen profitierte auch Périgueux, die Hauptstadt des Périgord. Vesuna Petrucorium hieß die Stadt unter den Römern, die hier eine Arena, einen halbrunden Turm und die Villa des Pompeius hinterließen. Bedeutend jüngeren Datums sind die wuchtige Kathedrale Saint-Front aus dem 13. Jahrhundert, deren Restauration im 19. Jahrhundert etwas zu exotisch geriet, und die romanische Kirche Saint-Etienne-de-la-Cité aus dem 11. Jahrhundert mit ihren zwei bemerkenswerten identischen Kuppeln. Der Fremdenverkehr im Sommer und der Handel mit dem weißen Gold des Périgord, den Trüffeln, haben aus Périgueux eine wohlhabende Stadt gemacht. Wer im Herbst oder im Winter die Region besucht, sollte die Ausgabe nicht scheuen und am besten bei einem der vielen Bauern ein paar Gramm des übel riechenden Pilzes kaufen; man muss ihn ja nicht unbedingt mögen, aber wenigstens kann man danach mitreden, wenn es bei kulinarischen Exkursionen um »les truffes« geht ...

Cognac für Kenner. Auf halber Strecke zwischen Périgueux und Angoulême hört Aquitanien auf, und mit Fortsetzung Seite 122

Eine schönere Aussicht ist kaum denkbar: Blick von der Bastide Domme über das Tal der Dordogne. oben
Weiße Kalkfelsen, grüner Laubwald, blaue Flüsse – die reinen Farben des Périgord. unten
Spuren der Steinzeit in Les Eyzies-de-Tayac. links

Lascaux: Nicht nur ein Wunder der Vorgeschichte

Unglaublich in ihrer zeitlosen Frische und Lebendigkeit waren die Tierbilder in den Höhlen der Dordogne so überwältigend gut gemalt, dass man sie einige Zeit für Fälschungen der Moderne hielt.

Man schrieb das Jahr 1940, und keiner weiß mehr so genau, was sich in der Nähe des kleinen südfranzösischen Dorfes Montignac zugetragen haben mag. Für die Kinder muss es der Himmel auf Erden gewesen sein: Sie hatten eine Höhle aufgestöbert und konnten natürlich nicht ermessen, was sie in Wirklichkeit entdeckt hatten. Diese Höhle war nicht die erste, die man rund um Sarlat-la-Canéda gefunden hatte, aber kulturhistorisch war es die aufregendste, die je entdeckt werden sollte – 15 000, vielleicht sogar 20 000 Jahre hatten die Malereien an den Wänden der Höhle von Lascaux fast schadlos überstanden. Bereits seit dem Paläolithikum, der Altsteinzeit, mussten Menschen in dieser Gegend gelebt haben, denen man schon 1868 auf die Spur gekommen war. Damals wurden in einer Höhle in dem Gebiet Crô-Magnon fünf Skelette gefunden. Menschen, kaum größer als 1,70 Meter, kräftig gedrungen mit massigem Schädel, die fortan Cro-Magnon-Menschen heißen sollten. Zahlreiche Funde von Werkzeug und Gebrauchsgegenständen belegen, dass sie unter so genannten »abri«, Felsvorsprüngen ringsum, gelebt haben, und sie malten mit erstaunlichem Sinn für Ästhetik in Höhlen auf, was sie sahen: Wildpferde und Urrinder, Wildkatzen genauso wie maskierte Tänzer; warum, ist nicht ganz klar, aber sicher waren diese Höhlen sakrale Orte. Etwa 140 Meter führt der Weg in die weit verzweigte Höhle von Lascaux, zurück in die ferne Vergangenheit. Nur gut zwanzig Jahre konnte sie

Der Cro-Magnon-Mensch

Schon vor etwa 30 000 Jahren lebten Menschen im Périgord – dies belegte zuerst ein Skelett, das man Mitte des vergangenen Jahrhunderts in einer Höhle in der Region Crô-Magnon an der Vézère fand. Diese nach dem Fundort ihrer Überreste benannten Cro-Magnon-Menschen waren nicht größer als 1,70 Meter, hatten einen stämmigen Körperbau, einen massigen Schädel mit kräftigen Überaugenbögen, niedrige, breite Augenhöhlen und eine breite Nasenöffnung. Dem homo sapiens zugehörig, dürfen wir in ihnen unsere Vorfahren erkennen. Sie lebten nicht mehr in kleinen Gruppen als Jäger, sondern siedelten sich in Großfamilien unter den schützenden Felsvorsprüngen der Dordogne-Felsen vor allem in einem relativ eng umgrenzten Gebiet an der Vézère an, wie zahlreiche Funde belegen. Vor einer Besichtigung der Siedlungsorte rund um Les Eyzies-de-Tayac lohnt ein Blick in das Museum im ehemaligen Schloss der Herren von Tayac, wo eine der weltweit umfangreichsten Sammlungen prähistorischer Funde gezeigt wird.

dem Besucheransturm standhalten, denn mit den Menschen gelangten Feuchtigkeit und Kohlendioxid in die Höhle. Die wertvollen Malereien der »Sixtinischen Kapelle der Vorgeschichte« drohten zu verblassen, also wurde sie 1963 geschlossen. Zbigniew Herbert staunte noch über die Originale: »Die Farben: schwarz, braun, ocker, zinnoberrot, karminrot, malvenfarben und das Weiß der Kalkfelsen. Sie sind lebendig und frisch wie auf keinem einzigen Renaissance-Fresko. Die Farben der Erde, des Blutes und des Rußes. Die Tierbilder, meist vom Profil her gesehen, sind in der Bewegung erfasst und mit ungeheurem Schwung, zugleich aber mit der gleichen Zartheit gezeichnet wie Modiglianis warme Frauengestalten.« Wer heute

Lascaux besucht, kann »nur« die perfekt rekonstruierten Hirsche, Pferde und Stiere in der 200 Meter entfernten Höhle »Lascaux II« bestaunen – absolut detailgetreu, aber doch nur Duplikate. Wer Originale sehen möchte, freilich nicht von solch außergewöhnlicher Kraft und Schönheit, der muss die Grotte von Font-de-Gaume besuchen: Phantastisch erhaltene Ritzungen und Zeichnungen von Urrindern, Mammuts, Pferden führen tief in die menschliche Vergangenheit. Die Zahl der Besucher ist limitiert, und nur wer rechtzeitig seinen Platz für eine der Führungen bucht, hat zumal im Sommer eine Chance, die ältesten erhaltenen von Menschenhand geschaffenen Kunstwerke zu erleben.

Urrinder tummeln sich an den Wänden, Bisons grasen, Hirsche sind naturgetreu wiedergegeben – die Vorzeit war von zahlreichen Tieren bevölkert.

Kühnes Meisterwerk,
bei dem der Teufel
mitgebaut haben soll
– Pont Valentré in
Cahors.

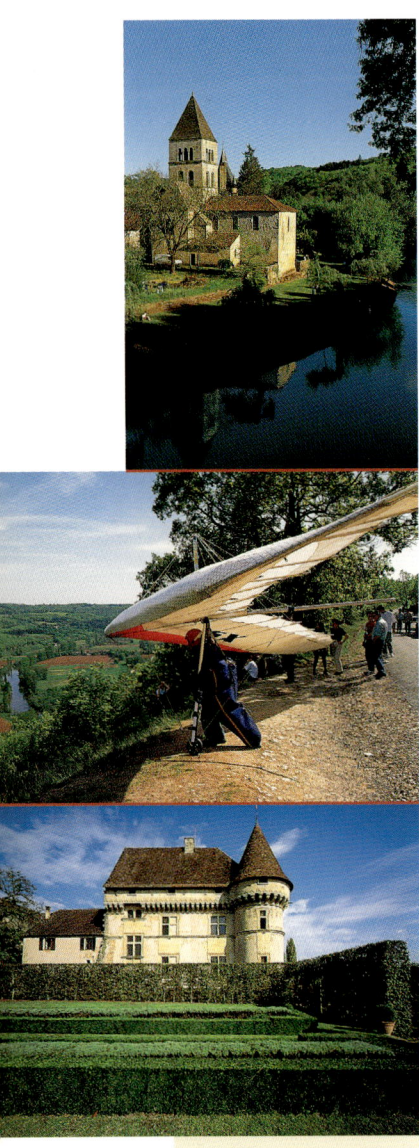

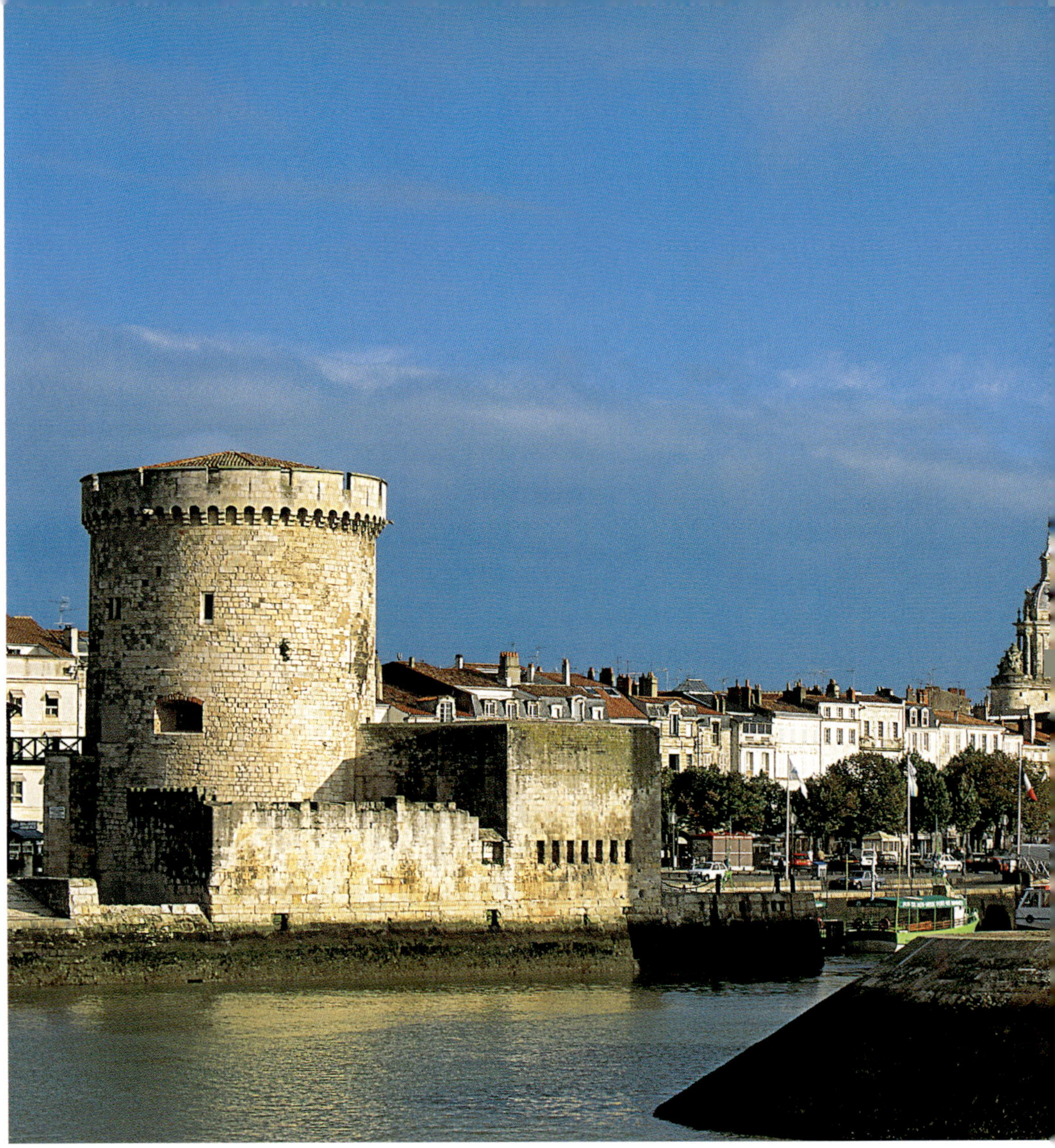

Saint-Léon-sur-Vézère, über einer römischen Siedlung erbaut, liegt herrlich am Fluss. oben Steil nach unten geht's an den weißen Klippen der Dordogne. Mitte Im Vézère-Tal drängen sich die Burgen, hier Château de Losse. unten Der Hafen von La Rochelle war schon im 11. Jahrhundert ein wichtiger Warenumschlagplatz. großes Bild

der Charente verbinden viele nur einen Namen: Cognac. So dient die Bischofsstadt Angoulême den meisten auch nur als Station Richtung Westen, an der Charente vorbei in die Welthauptstadt edler Brände. Obwohl die Route Nationale 141 an der Charente entlangführt, empfiehlt es sich, auf den kleineren Straßen dem Flusslauf zu folgen und hier bei einer der romanischen Kirchen und Abteien Station zu machen. Im Wettkampf um die Gunst der Besucher unterliegen sie den Vertretern irdischer Freuden deutlich: In den Gästebüchern der drei großen Cognac-Produzenten Martell, Hennessy und Otard stehen weit mehr Gäste, als an die Türen der Gotteshäuser klopfen, und würde es im Säckel der Gotteshäuser auch nur annähernd so klingeln wie in den Kassen der Edeldestillerien – bröckelnder Putz wäre in den Kirchen von Chaniers, Châtre oder Châteauneuf-sur-Charente kein Thema mehr. Cognac und das weite Tal der Charente sind umgeben von Weinbergen, etwa 15 000 Winzer pflegen hier die Ugni Blanc, die weiße Traube für die Cognac-Herstellung. Mindestens drei Jahre muss ein Cognac nach dem doppelten Brennvorgang in den luftigen Lagerräumen im Holzfass lagern; beim Reifeprozess verdunstet jedes Jahr mehr an Weinbrand, als in Frankreich getrunken wird. Doch trotzdem sollte es jetzt nüchtern weitergehen, vorbei an Saintes mit seinem römischen Amphitheater, das 20 000 Menschen Platz bot und in dem heute noch gespielt wird, und dem Triumphbogen des Germanicus aus dem Jahr 19 n. Chr. Im Mittelalter war Saintes eine Station auf dem Pilgerweg nach Santiago de Compostela.

Der Seehafen La Rochelle. Auf den Départemental-Straßen 114 und 116 geht es weiter nach La Rochelle. So klangvoll wie der Name, so schön ist auch die Altstadt mit der Porte de la Grosse Horloge, wo der alte Hafen beginnt. Heute dümpeln hier Fischer- und Sportboote, doch früher, zwischen dem 14. und 18. Jahrhundert, galt dieser Hafen als einer der wichtigsten Frankreichs, und in späterer Zeit stachen hier Auswanderer in See, die in der Neuen Welt ein Zuhause suchten – nicht immer fanden sie eins.

Reif für die Insel. Sowohl die Île de Ré als auch die weiter südlich gelegene Île d'Oléron gelten in Frankreich als die Urlaubsparadiese schlechthin. Ihre weiß getünchten Häuser erinnern in der Tat viel eher an die Ägäis als an den Atlantik. Die beiden

Eilande sind jeweils über Brücken zu erreichen und ein wahres Eldorado für alle Muschel- und Austernfans. Weite Austernbänke im Osten, endlose Strände am offenen Meer und ein mildes, angenehmes Seeklima locken im Sommer die Badeurlauber an. Ein Insidertip ist dagegen eine Überfahrt mit dem Schiff auf die Île d'Aix. Sie misst gerade mal 2 Kilometer, bezaubert aber durch ihre einsamen Strände; die hier liegenden landwirtschaftlichen Höfe nehmen auch Gäste auf. Wer lieber vom Festland aus in die Atlantikfluten springt, der wird in Royan mit der Fähre über die Gironde ins Médoc übersetzen und in einem der weithin bekannten Seebäder, in Hourtin, Carcans oder Lacanau-Plage an der Silberküste, seine Zelte aufschlagen. Diese Strände sind im Sommer fest in deutscher Hand, davon zeugt nicht nur die deutsche Sprache allerorten, sondern auch Schnitzel, Sauerkraut und deutsches Bier in den Restaurants. Aber nach dem Genuss von Gänseleberpastete und Trüffeln, nach den edlen Tropfen aus Bordeaux und Cognac mag es ja auch sein Gutes haben, zum Abschluss einer Rundreise durch das französische Schlaraffenland wieder auf die bewährte Hausmannskost zu stoßen.

Strandleben auf der Île d'Oléron, der zweitgrößten französischen Insel nach Korsika. oben Fischfang, Austernzucht und Bootsausflüge: Der Atlantik, hier bei Royan Mitte, ist eine wichtige Einnahmequelle für die Küstenbewohner.

Planen und erleben ...

DIE HIGHLIGHTS

Bordeaux

Bordeaux lebt vom Wein, mit dem Wein, durch den Wein, für den Wein – Bordeaux ist Wein. Ohne den immerwährenden Handel seit dem 14. Jahrhundert wäre der Stadt mit den fürstlichen Häusern entlang der Garonne vielleicht längst der Garaus gemacht worden. Bordeaux' Reiz ist auch die Lage: Das Klima ist mild, und das Meer ist nah; das Weinland liegt um die Ecke, und lukullische Genüsse lassen sich allerorten finden. Ganz gleich, wo in Bordeaux, das Mahl ist schon bereitet. Am besten lässt es sich speisen rund um die Börse und im Quartier des Chartrons, dem Viertel der Weinhändler. Hier lassen die Fassaden der engen Gassen zu Recht Rückschlüsse auf die

Schätze in den Kellern zu. Das Äußere der Häuser ist sauber, und kostbar ist der Inhalt.

Bastiden: Fluchtburgen des Mittelalters

Sie heißen Montflanquin, Monpazier oder Villeréal – Bastiden aus der Zeit des Hundertjährigen Krieges zwischen Engländern und Franzosen. Es sind Wehrdörfer, die den Franzosen als Bastionen gegen die englischen Besatzer dienten, aber auch von Engländern angelegt wurden, die den Süden für sich beanspruchten. Sie wurden zum einen gebaut für die arme Landbevölkerung, die schutzlos den anstürmenden Soldaten ausgeliefert war und in den befestigten Dörfern eine sichere Bleibe hatte. Auf der anderen Seite stand der Eigennutz der Feudalherren und Fürsten, die den Bau der Bastiden

veranlassten, im Vordergrund: Sie fühlten sich nämlich hinter den Mauern mit den vielen sie verteidigenden Menschen manchmal sicherer als in ihren Burgen. Wichtig für das leibliche Wohlergehen aller waren damals die Tavernen – und sie sind es noch heute. Ein Besuch der alten Cafés und Restaurants in den Bastiden ist ein echtes Erlebnis. Im Mittelalter wurden diese Siedlungen offensichtlich schon so sinnvoll konstruiert, dass die Stadtplaner der Neuzeit sie detailgetreu nachbauten – in New York etwa. In Villeréal stößt jede Straße rechtwinklig auf eine andere, und jeder Häuserblock bildet ein schönes exaktes Rechteck. Und was den New Yorkern die Wallstreet, das ist in Villeréal der Marktplatz, eine Halle aus Holz und Lehm, streng rechteckig angelegt.

So schön, wie der Name verheißt: Château Belcastel im Quercy. oben
Ein Café au lait belebt – im hübschen Marktstädtchen Gourdon. Mitte
Kühne Bögen überspannen die Dordogne: Viadukt bei Souillac. oben

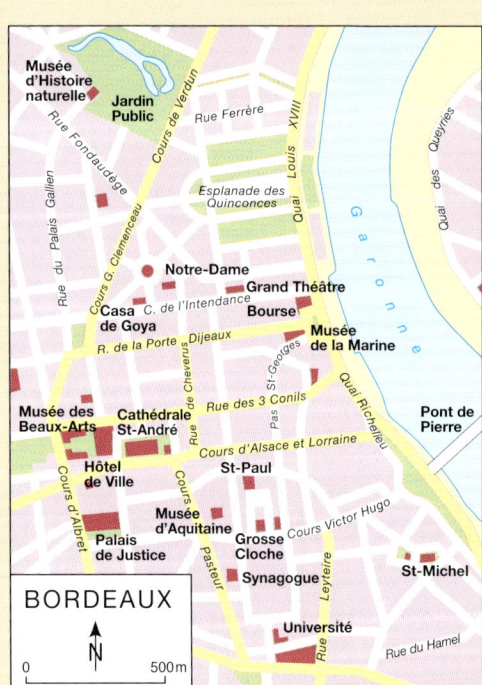

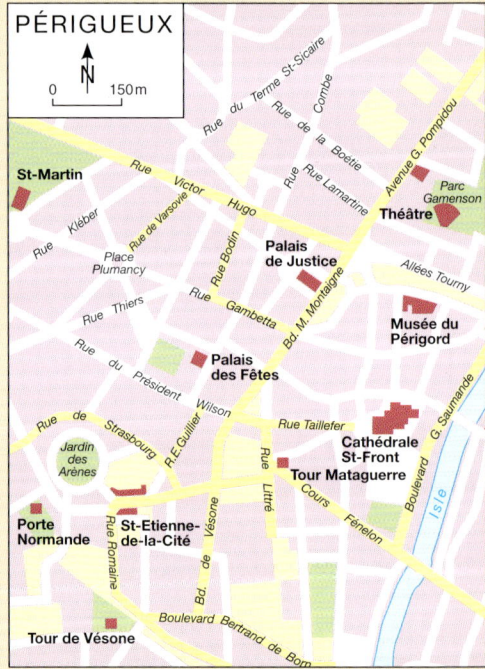

Märkte

Für alle französischen Märkte gilt: Wer sucht, der findet, denn gerade im Sommer veranstaltet jedes noch so kleine Dorf seinen Marché aux puces, seinen Flohmarkt – hier lässt sich manche Kuriosität finden. Wenn die Pilze aus dem Boden schießen, sind vornehmlich die älteren Menschen unterwegs, mit Messer und Korb bewaffnet, um die begehrten Steinpilze und Wiesen-Champignons zu sammeln. Da hat jeder seinen speziellen Flecken, und der wird gehütet wie ein Geheimnis. Glücklose Pilzsucher können auf dem Gemüsemarkt finden, was sie im Wald und auf den Wiesen vergeblich suchten. Und dann sind da noch spezielle Märkte, mit deren Gepflogenheiten man sich gut auskennen sollte, sonst hat man für viel Geld statt einer Trüffel einen merkwürdig riechenden Erdklumpen heimgebracht ...

Weinschlösser

Einige Kilometer südlich von Bergerac liegt das von Weinbergen umgebene Château Monbazillac. Das trutzig wirkende Bauwerk wurde 1550 der Weinberge wegen erbaut, heute ist es der Sitz einer Winzereigenossenschaft. Weinkenner verbinden mit dem Namen Monbazillac einen süßen Wein aus edelfaulen Sauvignon-, Sémillon- und Muscadet-Trauben. Zwar erreicht er nicht ganz die unnachahmliche Qualität eines Spitzen-Sauternes, dafür bleibt er aber im Preis deutlich hinter seinem berühmten Konkurrenten zurück. Ganz in der Nähe liegt noch ein Weinschloss aus dem 16. Jahrhundert, Château de Bridoire.

TIPPS FÜR UNTERWEGS
Wohnen im Schloss

Die Marquise de Scandaillac begrüßt ihre Gäste höchstpersönlich. Diesen Titel könnte Maren tragen, gemeinsam mit ihrem Gemahl, dem Marquis de Scandaillac – hätte nicht die Französische Revolution radikal jegliche Titel im Namen abgeschafft. So sind Maren und

Klaus geblieben, was sie schon immer waren: zwei charmante und liebenswerte Hamburger, die sich einen Traum erfüllt haben. Sie kauften ein Schloss aus dem 12. Jahrhundert, renovierten und restaurierten das Gemäuer in traumhaft schöner Landschaft von Grund auf, um es mit Gästen zu teilen. Acht Doppelzimmer für ca. 85 Euro pro Nacht haben sie stilecht hergerichtet, romantisch und verspielt, mit Baldachinbetten. In der Renaissance-Galerie gibt es ein feudales Frühstück, und abends beim Menü erstrahlt das fürstliche Ambiente im Kerzenschein. Ein Swimmingpool wartet im Garten, Tennisplätze und Golfcourse sind nur ein paar Autominuten entfernt. Infos: Château de Scandaillac, Saint-Eutrope de Born, 47210 Villeréal, Telefon/ Fax 0033/ 55/3366540.

Die Weine

Ganze Bücher wurden schon über die herausragenden Eigenschaften der Bordeaux-weine geschrieben, über Châteaux und Appellationen, über Qualitätsmerkmale und Jahrgänge. Als Faustregel kann gel-ten: Einen qualitativ hochwertigen Bordeaux aus dem Médoc, Pomerol oder aus Saint-Emilion gibt es nicht zum Schnäppchenpreis. Und erst recht keinen Sauternes, den lieblichen Tropfen aus der Region südöstlich von Bordeaux. Auch mit dem Probieren ist es so eine Sache, denn keines der großen Weingüter wird einen Premier Cru zur Verkostung anbieten. Deshalb der Rat: unbekanntere Winzer aufsuchen und neugierig auf Entdeckungsreise gehen.

Kanu- und Kajaktouren

Dordogne und Vézère sind ideale Flüsse für Kanu- oder Kajaktouren. Auf der Dordogne geht es eher locker zu, während die Vézère mehr bietet für sportlich ambitionierte Wasserratten. Der schönste Abschnitt auf der Dordogne liegt zwischen Carsac und Limeuil, wo Philippe Drieu Ausflüge organisiert (Telefon und Fax 0033/55/ 3294007).
Schwieriger ist die Vézère zwischen Montignac und Limeuil an der Dordognemündung zu befahren. Infos bei Catherine Fossatti (Telefon 0033/55/ 551880). Wer es wild haben will, der sollte sich am Céou oberhalb von Castelnaud versuchen, der nur von November bis Mai zu befahren ist.

Romanische Kirchen

Ein lohnender kultureller Ausflug führt in die Gegend von Saintes, eigentlich eine wenig sehenswerte Industrie- und Messestadt, aber in der sie umgebenden Region Saintonge stehen mehr als zweihundert romanische Kirchen aus dem 11. oder 12. Jahrhundert.

Entfernungen

km		
	Bordeaux	911
	77 km	
87	**Bergerac**	834
	107 km	
182	**Fumel**	739
	115 km	
235	**Cahors**	686
	86 km	
310	**Figeac**	611
	123 km	
377	**Rocamadour**	534
	172 km	
451	**Lascaux**	460
	107 km	
498	**Périgueux**	413
	107 km	
628	**Cognac**	283
	107 km	
731	**La Rochelle**	180
	107 km	
911	**Bordeaux**	km

Der Grand Roc von Les Eyzies-de-Tayac scheint das Häuschen fast zu erdrücken.

Route 7
Um Perpignan und Bordeaux

Von einem Meer zum anderen, vom Mittelmeer zum Atlantik – und das durch eine beeindruckende Gebirgslandschaft, die noch viel von ihrer ursprünglichen wilden Schönheit bewahrt hat. Eine Tour durch die schneebedeckten Berge der Pyrenäen an der Grenze von Frankreich und Spanien ist ein sportliches Erlebnis – nicht nur für die Rennradler der Tour de France.

Die nicht enden wollenden Kurven und Kehren durch die Pyrenäen sind eine Herausforderung für Mensch und Maschine.

Im Schatten der Pyrenäen

Schneebedeckte Gipfel, Schluchten und Wasserfälle – das Naturparadies Pyrenäen wird man nie mehr vergessen. Begünstigt von
mildem mediterranem Klima, hat sich im Schatten der Berge ein
fruchtbarer Landstrich entwickelt. Und noch einen besonderen Reiz
hat der Südwesten Frankreichs mit seiner bewegten Vergangenheit
– das Meer ist immer in Reichweite.

Die Franzosen hän-
gen an ihren Tradi-
tionen. Während der
Drehorgelspieler Jahr-
marktsvergnügen aus
Kinderzeiten
beschwört, hat der
Gaukler Narrenfrei-
heit wie im Mittelal-
ter.

Palmen säumen den Weg, egal auf welcher Straße man in Perpignan flaniert.
Und sobald die Häuser dieser typisch südländischen Innenstadt den Blick freigeben,
tauchen im Westen schneebedeckte Gipfel
auf, die von der Schönheit der Natur, dem
reizvollen Gegensatz der Pyrenäen zum
flachen Land an der Küste erzählen. Brechen wir also auf. Statt über Rivesaltes
sollte man nach Carcassonne über Prades
fahren und von dort einen Abstecher zur
Abtei Saint-Martin-du-Canigou aus dem
11. Jahrhundert machen. Der Gipfel des
Canigou ist von hier aus nicht mehr allzu
weit, und per Geländewagen oder schweiß-
treibender mit Wanderschuhen kann die
letzte Etappe zum höchsten Berg der Ost-
pyrenäen in Angriff genommen werden.
Zur Belohnung winkt eine herrliche Aussicht über das Meer und die Corbières. Auf
1200 Meter klettert dieses karge Mittelge-
birge an, das wegen seiner Weine bekannt
wurde. Hier fand auch die grausame Ver-
nichtung der Kathararersekte im 11. und
12. Jahrhundert statt, deren zerstörte Burgen Quéribus und Peyrepertuse auf der
Strecke nach Quillan auf kahlen Felskup-
pen aufragen. Die phantastische Burgstadt
Carcassonne hat nur am Rande mit den
Katharern zu tun, die hier Zuflucht suchten. Denn die Ursprünge der Cité, die über
Jahrhunderte als uneinnehmbar galt,

gehen bereits auf die Römer zurück. Sie
liegt am rechten Ufer der Aude, die die
Stadt in Ville Basse und mittelalterliche
Festung teilt. Über die D118 und die N112
geht es weiter durch Ausläufer des Zentral-
massivs nach Castres mit dem weit über
die Stadtgrenzen hinaus bekannten Musée
Goya.

Von Albi nach Toulouse. Und da man sich
schon einmal auf einem »Kulturtrip«
befindet, könnte das nächste Ziel das
Musée Toulouse-Lautrec im alten Bischofspalast in Albi sein. Er befindet sich direkt
neben der – im wahrsten Sinne des Wortes
– größten Sehenswürdigkeit der Stadt, der
Kathedrale Sainte-Cécile aus dem 13. Jahrhundert. Mit seinem mächtigen Turm und
den dicken Mauern wirkt der Backsteinbau
wie eine Festung – er sollte den Sieg der
Kirche über die Katharer demonstrieren.
Am Ufer des Tarn entlang schlängelt sich
nun die Straße nach Toulouse, Frankreichs
viertgrößter Stadt. Die vielen Studenten
machen »la ville rose«, die rosafarbene
Stadt mit ihren Ziegelbauten, zu einem
quirligen und lebendigen Zentrum. In der
Basilika Saint-Sernin machten jahrhundertelang Pilger auf dem Weg nach Santiago
de Compostela Rast, während in der gotischen Eglise des Jacobins die Gebeine des
heiligen Thomas von Aquin ruhen. Es gibt

Um 1820 entdeckten englische Touristen das milde Klima in Pau – seither hat sich der Ort zur wichtigsten Pyrenäenstadt entwickelt.

auch eine weniger fromme Tour durch Toulouse: Die U-Bahn mit modernen Zeichnungen und Skulpturen in den Stationen hat inzwischen bereits eindeutigen Kultcharakter.

Durch die Pyrenäen. Nach Saint-Girons geht die Fahrt durch fruchtbares Land voller Felder und Obstbäume, und erst in der Ferne ragen die Felsen steil in die Höhe, doch am Col d'Ares bekommt man einen ersten Eindruck von den Serpentinenstraßen der Bergregion. Im Schatten des höchsten Berges der Pyrenäen, dem 3404 Meter hohen Pico de Aneto auf spanischer Seite, hat sich Bagnères-de-Luchon dank seiner schwefelhaltigen Quellen zu einem vornehmen Bade- und Luftkurort entwickelt, im nahen 1800 Meter hoch gelegenen Superbagnères finden Wintersportler ideale Bedingungen vor.

Zwei Pässe liegen nun hintereinander: Col de Peyresourde, der auf 1569 Meter ansteigt, und der 1489 Meter hohe Col d'Aspin, beides schweißtreibenden Etappen der Tour de France. Karg und still ist das Gebirge, und je höher man kommt, desto einsamer wird es. Bei Arreau biegt der Weg ab zum 1750 Meter hoch gelegenen La Mongie, einem der bedeutendsten Wintersportorte der Region. Nur 4 Kilome-

ter entfernt liegt der bekannteste Pass, der Col du Tourmalet, der sich in endlosen Kehren in atemberaubende 2115 Meter Höhe schraubt, umgeben von stillen Seen und kantigen Bergen wie dem Pic du Midi de Bigorre, die im Sommer oft im Nebel verschwinden. Zurück im Tal fährt man bei Luz-Saint-Sauveur nach Süden zum Cirque de Gavarnie mit seinem berühmten Wasserfall.

Wallfahrtsziel Lourdes. In nördlicher Richtung führt der Weg in einen Ort, der wie kein anderer auf unserem Globus Pilger aus aller Welt in seinen Bann zieht: der Marienwallfahrtsort Lourdes. Wie auch immer man zu der Kommerzialisierung des Ortes stehen mag, der Boulevard de la Grotte und die Cité Religieuse bleiben dem Besucher auf jeden Fall tief im Gedächtnis haften.

»Von dem Balkon übersah er ein tiefes Tal voll Wein, Öl, Wäldern, die das Auge erfrischten, dazwischen die blinkenden Windungen des Flusses, dahinter die Pyrenäen. Das Gebirge bot sich dar als geschlossener Zug, wie sonst kein anderes, grün bewaldet bis in den Himmel ...«
Heinrich Mann, Die Jugend des Königs Henri Quatre, 1959

Das Palais des Rois de Majorque in Perpignan. oben
Ein eigenwilliger Menschenschlag sind die Basken. Mitte
Schön gelegen und ehrwürdig: Die Abtei Saint-Martin-du-Canigou ist tausend Jahre alt. unten
Herrlicher Panoramablick über die Pyrenäen – am Col d'Aubisque. rechts

Map labels

Bordeaux
Bergerac
Dordogne
Aurillac
Arcachon
Dune du Pilat ★
Garonne
Cahors
Lot
Millau
Mimizan-Plage
St-Girons-Plage
Agen
Montauban
Albi
Tarn
Mont-de-Marsan
Auch
Toulouse
Castres
Dax
Béziers
Biarritz Jean-uz
Bayonne
Narbonne
St-Jean-Pied-de-Port
Pau
Tarbes
Carcassonne
Grottes de Bétharram ★
Aramits
Lourdes
★ **Grottes de Médous**
Garonne
Col des Ares 797 m
Quillan
Laruns
Arreau
Pic du Midi d'Ossau 2884 m ▲
Col d'Aubisque 1709 m
la Mongie
St-Girons
Perpignan
Col du Somport 1632 m ▲
Col du Tourmalet 2115 m
Bagnères-de-Luchon
Pic Carlit 2921 m ▲
N 50km
SPANIEN
ANDORRA
▲ **Col de Puymorens 1915 m**
Mittelme

Berg und Tal.

Berg und Tal. Um zum Col d'Aubisque zu gelangen, muss man wieder knapp 20 Kilometer auf der D921 zurückfahren. Hinter Arrens schlängelt sich die Straße in unübersichtlichen Serpentinen den Berg hinauf. Es ist langsam Zeit für eine Rast, vielleicht bei Laruns mit Blick auf den mächtigen Pic du Midi d'Ossau. Der 2885 Meter hohe Riese mitten im 457 Quadratkilometer großen Pyrenäen-Nationalpark ist ein bevorzugtes Wanderrevier, allerdings nicht ganz ungefährlich: Vor allem plötzlich aufkommender Nebel kann in höheren Lagen zu schaffen machen. Tiefer unten im Tal wechselt die Landschaft rasch. War man eben noch im kühleren Hochgebirge unterwegs, so ist man nach knapp zwanzig Minuten wieder in üppig blühender Landschaft, die Temperaturen steigen sprunghaft an, und rechts und links der Straße wird in den sanften Hängen südlich von Pau Wein angebaut. Es ist die Region des Jurançon, die auf eine lange Tradition allerfeinster süßer Dessertweine zurückblickt, aber auch kräftige Rotweine erzeugt. Irgendwo entlang der Strecke über Aramits nach Oloron-Sainte-Marie sollte man bei einem Winzer einkehren. Das lebendige Städtchen selbst hat einige sehenswerte mittelalterliche Bauwerke wie etwa die Kathedrale Sainte-Marie und die Kirche Sainte-Croix mit einer maurischen Kuppel. Nun wird das Land ruhiger und weniger spektakulär. Nur noch ein kleiner Pass ist zu überwinden, um ins französische Baskenland zu kommen: Das »Pays Basque« ist ein überaus fruchtbarer Landstrich, dem das feucht-warme Klima im Schatten der Pyrenäen zugute kommt.

Urwüchsige Natur und ein Paradies für Angler und Bootsfahrer – im Naturreservat am Courant d'Huchet.

Templerkirche im Bigor-
re. oben
Eine mittelalterliche
Stadt wie aus dem Mär-
chenbuch: Carcassonne.
Mitte
Bei der Weinlese. unten
Natur und Einsamkeit
am Lac Ayons-Ossau.
großes Bild

Land der Basken. Die Basken pflegen ihre Traditionen, von der Baskenmütze bis zum Pelotaspiel, und sie verstehen zu essen: »Foie gras« zum Beispiel. Die in Frankreich so beliebte wie sündhaft teure Gänsestopfleber gilt unter Kennern als mindestens so gut wie die aus dem Périgord. Man könnte sie ja testen in der Altstadt von Saint-Jean-Pied-de-Port, die noch komplett von der Stadtmauer aus dem 15. Jahrhundert umgeben ist. Alle Pilgerwege nach Santiago di Compostela vereinigten sich hier, vor der folgenden anstrengenden Bergüberquerung.

Kulinarisch fällt nun also die Entscheidung zwischen einem baskischen Bauernschmaus oder atlantischem Ambiente, denn die D918 führt direkt nach Saint-Jean-de-Luz, wo sich der Atlantik gleich

Südländische Genüsse

Rivesaltes und Banyuls – süß und süffig, so lassen sich die Aperitifs aus dem Roussillon charakterisieren. Grenache ist die Haupttraube, deren Gärung sehr früh durch die Zugabe von Alkohol abgestoppt wird. So entsteht ein kräftiger Wein mit 16 bis 20 Prozent Alkohol. Kenner streiten sich, welcher der beiden Weinbrände der edlere ist: Cognac oder der südfranzösische Armagnac aus der Gegend um Auch. Ein Schafhirte war schuld: Er soll ein Käsebrot in einer Höhle bei Millau vergessen und Wochen später als Leckerbissen wieder gefunden haben. Heute reift nur beste Schafmilch unter Zugabe des Penicillium-Pilzes mehrere Monate in Felsenkellern zum Roquefort, bei 100 Prozent Luftfeuchtigkeit und 10 Grad Celsius.

von seiner schönsten Seite präsentiert. Man ist an der Côte des Basques, der südlichen Verlängerung der Côte d'Argent, der unvergleichlichen Silberküste. Saint-Jean-de-Luz ist ein typisches Fischerstädtchen mit der größten Thunfischfangflotte Frankreichs. Vor der Fahrt ins unvergleichlich mondänere Biarritz sollte man also unbedingt den Fischereihafen auf sich wirken lassen.

Und dann also Biarritz. Es war Kaiserin Eugénie, die sich Mitte des vergangenen Jahrhunderts in das Seebad verliebte und ein Palais am Strand bauen ließ. Wo die Kaiserin zu urlauben pflegte, war es gerade gut genug für Adelige und Politiker, Künstler und Schriftsteller. Zur Zeit der Belle Epoque, der guten alten Zeit um die Jahrhundertwende, erlebte Biarritz seine Blüte. Wer heute vor dem exklusiven Hôtel du Palais, dem ehemaligen Palast, steht, durch die typischen spitzen Strandzelte an der Grande Plage schlendert, der kann sich leicht in diese Zeit zurückversetzen – und wird erst wieder den Boden der Tatsachen erlangen, wenn er in einem der vielen Nobelhotels absteigen möchte. Er benötigt eine gut gefüllte Brieftasche. Vielleicht sollte man es doch lieber Fortsetzung Seite 138

Baskisches Fachwerkhaus. oben
Durch Handel mit Getreide und blauer Farbe reich geworden, erlebte Toulouse im 18. Jahrhundert eine Blüte. Mitte
Ein religiöses Zentrum des Mittelalters war das Dorf Saint-Bertrand-de-Comminges. unten
Col d'Aubisque und Col du Soulor links.

Wo der Glaube Berge versetzt: Lourdes

Drei Millionen, fünf Millionen? Keiner scheint sie mehr zu zählen, die Massen an Gläubigen und Kranken, die über das Jahr verteilt per Bus und Bahn in den Wallfahrtsort pilgern. Wie viele es auch sein mögen, fest steht, dass es der Fremdenverkehr (darf man es hier eigentlich so nennen?) gut meint mit dieser Stadt am Rand der Pyrenäen. Und das alles, weil im Jahr des Herrn 1858 dem Hirtenmädchen Bernadette Soubirous hier die Muttergottes erschien und fortan aus der Grotte eine Quelle floss. Die Jungfrau Maria soll dem Mädchen achtzehnmal erschienen sein, das 1925 zunächst selig, dann 1933 heilig gesprochen wurde. Das Wasser aus der unerschöpflichen Quelle ist den Gläubigen heilig; und um es in ihre mitgebrachten Flaschen abfüllen zu können, warten die Menschen geduldig in langen Schlangen, bis sie endlich am Quellwasser der Grotte von Massabielle angelangt sind. Dort steht auch die 1863 nach Bernadettes Schilderung geschaffene marmorne Ma-

rienfigur, die es dann im Tageslicht in jedem der vielen Souvenirläden käuflich zu erwerben gibt, neben allerhand anderer Devotionalien. Diese unbändige »Geschäftemacherei«, die sich rund um das Heiligtum aufgebaut hat, macht es dem nüchternen Betrachter nicht leicht, an den eigentlichen Grund für das heilige Spektakel zu glauben. Dabei ist es aber gerade der Glaube, der offensichtlich Berge versetzt: Seit 1862, als Bernadettes Marienerscheinungen kirchlich bestätigt wurden, hat es mehr als sechzig Heilungen von Kranken gegeben, die von der katholischen Kirche als Wunder eingestuft werden. Querschnittgelähmte erheben sich aus dem Rollstuhl, Krebskranke besiegen ihren Tumor, psychisch Kranke sind plötzlich normale Menschen – Heilungen, für die es medizi-

Vor der Basilique supérieure. oben Kitsch und echte Wunder – das Wasser der Grotte bewirkt Unmögliches, wenn der Glaube groß ist. Mitte, unten, rundes Bild Den Ansturm der Pilger fassen Kirchen wie die Basilique du Rosaire. rechts

Romanische Kirchen im Roussillon

Sie liegen oft in traumhafter Landschaft und sind
eine Fundgrube für Architekturbegeisterte, die
romanischen Kirchen und Klöster im Roussillon
mit ihren phantasievollen Skulpturen, prächtigen
Säulen und mit Fabelgestalten und Ornamenten
geschmückten Kapitellen. Hier einige Beispiele:
Die Kathedrale Sainte-Eulalie in Elne besitzt
einen wunderschönen Kreuzgang mit reich ver-
zierten Kapitellen. Prieuré de Serrabone im kargen Pyrenäenvorland besticht durch präzise gearbeiteten Skulpturenschmuck an rosa Marmor-
säulen. Die frühromanische Abtei Saint-Michel-
de-Cuxa, bei Prades gelegen, hat einen schönen
vierstöckigen Glockenturm. Hier findet alljährlich
das Pablo-Casals-Musikfestival statt. Das Kloster
Saint-Martin-du-Canigou mit seinem gut erhaltenen Kreuzgang aus dem 11. Jahrhundert liegt
malerisch in den Felsen am Fuß des Canigou.

So erschien Bernadette
die Madonna in Massa-
bielle.

nisch keine Erklärung gibt und die sich
natürlich in Windeseile in der ganzen
Welt herumgesprochen haben. Und so
kommen Gläubige von überall her, aus
Amerika genauso wie aus Asien, meist
organisiert in Bittwallfahrten der örtlichen
Gemeinden.

Zum hundertsten Jahrestag der ersten
Erscheinung wurde die unterirdische Basi-
lika Saint-Pie X eingeweiht – sie bietet
Platz für 20 000 Menschen. Allerdings
verströmt die 12 000 Quadratmeter große
Basilika mit ihren Betonwänden kaum
Atmosphäre, sie erinnert vielmehr an
einen überdimensionalen Wartesaal. Die
Gotteshäuser Basilique supérieure und
Basilique du Rosaire aus dem 19. Jahr-
hundert zählen auch nicht unbedingt zu
den herausragenden Beispielen sakraler
Baukunst.

Und doch: Wer die allabendliche Prozession von der Grotte zum Rosenkranzplatz
und die anschließende Krankensegnung
miterlebt, wer die gläubigen Blicke der
Menschen auffängt und in die erwar-
tungsfrohen Augen der vielen Kranken
schaut, der kann sich dieser salbungsvol-
len, geweihten Atmosphäre nur schwer
entziehen.

Dicht gedrängt und verschachtelt liegen die Häuser der kleinen Bergdörfer in den Hochtälern der Pyrenäen.

Den Wellen, die mit großer Wucht vom Atlantik heranbranden, trotzen die eleganten Villen in Biarritz. oben
Da freuen sich passionierte Angler: Die Binnenseen hinter der Atlantikküste – untereinander und mit dem Meer durch »Courants«, kleine Flüsse, verbunden – sind ausgesprochen fischreich. unten

ein paar Kilometer weiter nördlich versuchen, in Bayonne zum Beispiel, wo man ungleich billiger wohnen kann und mancherorts – für Franzosen undenkbar – den berühmten Bayonner Schinken bereits zum Frühstück serviert bekommt. Im Gegensatz zu vielen anderen lukullischen Spezialitäten schmeckt er auch noch zu Hause bestens.

Aber daran denkt niemand, liegt doch mit der fast 200 Kilometer langen Silberküste das Urlaubshighlight Südfrankreichs erst vor einem. Strand, nichts als endloser Sand erstreckt sich zwischen Bayonne und Arcachon, dahinter haben sich mächtige Dünen aufgeschüttet, sie trennen weite Heide- und Moorgebiete mit den größten zusammenhängenden Wäldern Europas vom Meer. Ein Paradies für Sonnenhungrige, Wasserratten und Fun-Sportler. Capbreton und Hossegor, Saint-Girons- und Mimizan-Plage sind Synonyme für Strandferien der ganz besonderen Art. Ein Sportplatz für junge Leute, die auf den zahlreichen Campingplätzen wohnen und ihre Tage mit Wellenreiten und Surfen verbringen. Wenn der Wind gut steht, und das tut er meistens, toben sich die Wellen des Atlantik hier so richtig aus. Einmal im Jahr

trifft sich sogar der Surf-Weltcup an der Côte d'Argent, und manche Cracks behaupten, nirgendwo sonst passten Wind, Wellen und Wonne so gut zusammen. Mit der größten Wanderdüne haben sie freilich nichts zu schaffen, jener berühmten 115 Meter hohen Düne von Pilat. Holzstege und -treppen führen hinauf, und man muss sie einmal durchwandert haben, um eine Vorstellung von den Ausmaßen zu bekommen. Eine Wüste mitten in Europa. Und dahinter: natürlich feinster Strand, der sich noch bis Arcachon fortsetzt, der Stadt, die sich nicht zuletzt durch ihre

Austern einen Namen gemacht hat, die im Bassin von Arcachon ideale Wachstumsbedingungen vorfinden. Arcachon hat sich zu einem feinen Seebad gemausert, die schönsten Häuser stehen im Süden: Villen und Sommerhäuser unter Schatten spendenden Pinien. Hier hat so mancher einen Zweitwohnsitz, der in Bordeaux sein Geld verdient. Die Garonne, an der Bordeaux liegt, und die Gironde-Mündung sind die Verbindung zum Atlantik: Diese ist wichtige Voraussetzung für den florierenden Weinhandel und glückliche Weintrinker – in aller Welt.

Zum Gedenken an die Hochzeit Louis' XIV. mit der spanischen Infantin Maria Teresa heißt das Stadthaus in Saint-Jean-de-Luz das Haus der Infantin. oben
Spaziergang durch Bordeaux. links
Von der Dune du Pilat großes Bild und unten, der größten Düne Europas mit 3 Kilometern Länge, 115 Metern Höhe und 500 Metern Breite, genießt man einen herrlichen Blick über das Meer zum Seebad Arcachon Mitte.

Planen und erleben ...

DIE HIGHLIGHTS

Côte Vermeille

Von leuchtend roten Felsen hat eine der schönsten Küsten ihren Namen: die Côte Vermeille liegt dort, wo die Pyrenäen zum Mittelmeer hin abfallen. Ruhige Buchten und felsige Küstenabschnitte wechseln sich in diesem halb französisch, halb spanisch geprägten Landstrich ab, in Argelès-Plage mit seinen drei Sandstränden und der Promenade liegt der größte Campingplatz Europas.

Prades

Das hübsche Städtchen ist stark spanisch geprägt. Dem berühmten Cellisten Pablo Casals wurde es während der Franco-Herrschaft in Spanien zur neuen Heimat. Der Altar der gotischen Kirche mit dem romanischen Glockenturm könnte auch in jeder beliebigen spanischen Dorfkirche stehen.

Perpignan

»Perpinyà« steht gleichberechtigt auf dem Ortsschild unter »Perpignan«, in katalanischer Sprache, die sich aus dem Lateinischen in Verbindung mit dem Arabischen entwickelt hat. Sie entstand im 14. Jahrhundert, als Perpignan die Hauptstadt des Königreichs Mallorca war, zu dem über ganz Südfrankreich verteilte Ländereien gehörten. Es kann durchaus ein Weilchen dauern, ehe sich die so wenig französisch, sondern vielmehr katalanisch-südländisch wirkende Stadt dem

Besucher öffnet. Zu sehen gibt es freilich genug, aber es kann auch eine Menge Spaß machen, einfach nur in einem der Cafés zu sitzen und den Menschen zuzuschauen. Beim Rundgang durch die historischen Viertel bummelt man sicher zu einem der schönsten Gebäude der Stadt, der Loge de Mer, dem 1397 errichteten Börsengebäude, und auch das Palais des Rois de Majorque, der ehemalige Palast der Könige von Mallorca aus dem Mittelalter, sollte besucht werden. Den Volkstanz der Katalanen, die Sardana, kann man im Sommer zweimal wöchentlich auf der Place de la Loge erleben.

Pyrenäen-Nationalpark mit Cirque de Gavarnie

Braunbären und Gämsen, Königsadler und Braungeier – wie gut, dass der schönste Teil der Pyrenäen unter besonderem Schutz steht. Erst 1967 wurde der Pyrenäen-Nationalpark ins Leben gerufen, offensichtlich früh genug, um eine Fläche von 456 Quadratkilometern auf einer Höhe zwischen 1067 und 3298 Metern angemessen zu schützen. Viele Wanderwege führen durch den Park, der bekannteste ist der GR10, eine traumhaft schöne Tour zwischen den beiden Meeren. Wer sie entlangwandert, sollte allerdings Bergerfahrung mitbringen und sich gut vorbereiten. Natürlich kommt er auch am Cirque de Gavarnie vorbei, jenem Felsenkessel mit einem Durchmesser von 3 Kilometern. Senkrecht ragen die Steinschluchten bis zu 1600 Meter in die Höhe, und in der Stille hört man das Rauschen der Grande Cascade, des mit 422 Metern höchsten Wasserfalls Europas.

TIPPS FÜR UNTERWEGS

Wer sich etwas Gutes gönnen möchte, der sollte sich an der Atlantikküste die wohl tuende Wirkung einer Thalasso-Therapie zukommen lassen. Diese

Himmel, Wasser, Sand: Mimizan-Plage an der Côte d'Argent, der Silberküste. *oben*
Pont Neuf, Saint-Sernin und Notre-Dame-de-la-Dalbade in Toulouse. *Mitte*
Strenge Kontrolle in der Käserei im Vallée d'Ossau in den Pyrenäen. *unten*

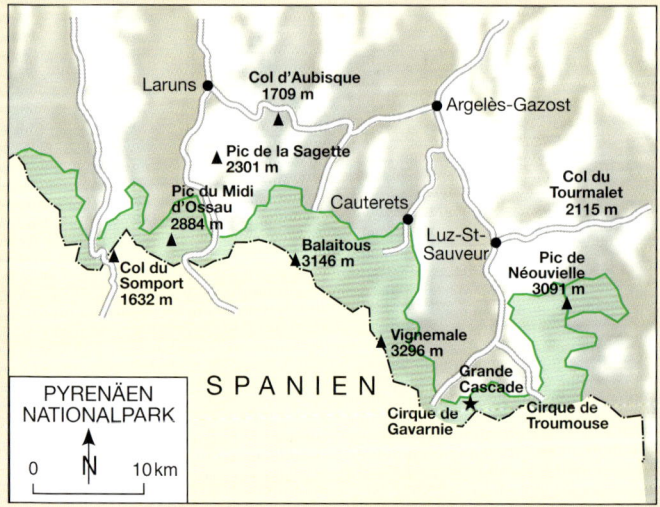

PYRENÄEN NATIONALPARK

0   N   10km

Laruns •
Col d'Aubisque 1709 m
• Argelès-Gazost
▲ Pic de la Sagette 2301 m
Pic du Midi d'Ossau 2884 m ▲
Cauterets •
Col du Tourmalet 2115 m
Col du Somport 1632 m ▲
Balaitous 3146 m ▲
Luz-St-Sauveur •
Pic de Néouvielle 3091 m ▲
Vignemale 3296 m ▲
Grande Cascade ★
S P A N I E N
Cirque de Gavarnie
Cirque de Troumouse

Cité von Carcassonne

Carcassonne war über Jahrhunderte wichtiger Knotenpunkt für den Warenaustausch zwischen Atlantik und Mittelmeer. Noch heute zeugt der Canal du Midi vom regen Handel zwischen den Meeren. Bei den Römern war das von Kelten gegründete Carcasso nur ein kleiner befestigter Handelsplatz, aber den ersten römischen Wällen folgten später Türme und Tore, bis die Cité im 13. Jahrhundert eine doppelte Ringmauer mit je einem Kreis von 1100 bzw. 1500 Metern und 54 Türmen aufwies. Als Bauherren traten im Lauf der Geschichte vor allem die Grafen von Carcassonne sowie Ludwig der Heilige und Philipp der Kühne im 13. Jahrhundert auf. Nach einer Zeit des Verfalls wurde die Altstadt im 19. Jahrhundert komplett restauriert, so dass die Festung von Carcassonne heute als die größte und am besten erhaltene Burgstadt Europas gilt. Böse Zungen behaupten, dass es sich eher um eine mit Touristenfallen gespickte Attrappenstadt handelt. Wie auch immer, stilecht ist es, in der Burgstadt einen echten »Cassoulet« zu genießen, einen deftigen Bohneneintopf mit Wurst und Fleisch.

Kur beruht auf den heilenden Kräften des salzhaltigen Meerwassers.

Etwas ganz Besonderes hat der renommierte französische Dreisterne-Koch Michel Guérard eine Autostunde nördlich von Pau geschaffen. Ein Refugium, das müde Menschen garantiert wieder munter macht, nach dem Motto: ausgezeichnet essen und ganz nebenbei ein bisschen kuren. Les Près d'Eugénie heißt die traumhafte Hotel- und Kuranlage, die nichts mit dem etwas angestaubten Image der Kurorte hierzulande zu tun hat. Man logiert einfach-ländlich bis exklusiv-komfortabel und isst entsprechend: rustikal oder einfallsreich in Form von Diätkost oder Haute Cuisine. Hier kocht der Maestro noch persönlich. Und zwischendurch lockt eine Thermaltherapie in reizvollem Ambiente.

Am Sonntag, möglichst früh, sollte man sich auf Perpignans schönstem Flohmarkt tummeln und nach originellen alten Dingen Ausschau halten. Er liegt an der Ausfallstraße Richtung Bompas, und neben professionellen Händlern scheint auch so mancher Katalane seinen Speicher leer geräumt zu haben, es lohnt sich also durchaus.

Wer um die Osterzeit im Südwesten unterwegs ist, darf sich auf keinen Fall das schaurig-düstere Spektakel der Confraternidad de la Sanch in Perpignan entgehen lassen. Die Bruderschaft aus dem 15. Jahrhundert kleidet sich am Karfreitag in ihre roten oder schwarzen Kutten, während sie in einer feierlichen Prozession Reliquien durch die Stadt trägt.

Souvenirs

Eine baskische Spezialität ist »Touron«, ein Mandelbrot aus Mandelmus, Pistazien, Haselnüssen und Früchten.
Die kleine Stadt Thuir südwestlich von Perpignan gilt als Hochburg der französischen Aperitifproduktion: Etwa 20 Millionen Liter werden jährlich aus Wein, Kräutern und Wurzeln der Gegend hergestellt. Der beste, fast nur in Frankreich bekannte Wermut ist der Byrrh, der in den Cave Byrrh in Thuir gekostet und gekauft werden kann.

Ausruhen, die Leute beobachten, eine Kleinigkeit essen: im Café. links oben
Maronen aus dem Baskenland. links Mitte
Eine Überquerung der Pyrenäenpässe verlangt gute Kondition. links unten
Geschirrtücher, Tischdecken und bunt bestickte Blusen aus dem Baskenland. unten

Route **8**

Von Nizza nach Perpignan

Sanft schmeichelt die Luft, Oleander blüht, süß duftet Lavendel, ein salziger Hauch kommt vom Meer. Die Provence ist der Inbegriff des südlichen »savoir vivre«. Und weiter im Westen Weinfelder, Aprikosenplantagen, Feigenbäume: das Languedoc. Das mediterrane Südfrankreich zwischen Seealpen und Pyrenäen übt eine geradezu magische Anziehungskraft aus.

Blick über die Dächer von Roquebrune zum Cap Martin, zu dessen illustren Gästen Greta Garbo, Coco Chanel und Winston Churchill zählten.

Le Midi – in Frankreichs Süden

Schon seit der Steinzeit kamen die Völker in diese freundliche Gegend, sahen sich um und blieben – Kelten ließen sich nieder, Griechen und Römer errichteten monumentale Bauwerke, und bis heute treffen sich hier die Künstler, die Reichen und Schönen und alle, die das südliche Lebensgefühl im Land am Meer zu genießen verstehen.

Da lacht das Herz eines jeden Fischfreundes: In den Hafenstädten des Südens wird oft beste Ware angeboten.

Im Norden Frankreichs kursiert diese Geschichte: Der liebe Gott war mit der Erschaffung der Erde sehr zufrieden. Welch geniale Mittelmeerküste, sagte er zu sich, ein wahres Meisterwerk. Er dachte über einen kleinen Wermutstropfen nach, und so pflanzte er mitten in die schöne Landschaft den Südfranzosen. Aber trotzdem ist vor allem das Languedoc bei allen Franzosen ein sehr beliebtes Feriendomizil. Und spätestens beim ersten Pastis schmilzt das Eis, wenn nämlich der Südfranzose seine Geschichte erzählt – über die Landsleute aus dem Norden ...

Kostspielige Côte. Es ist noch gar nicht so lange her, da war die Côte d'Azur unter jungen Leuten der Renner. Ein Flug nach Mallorca war unerschwinglich und die Fahrt nach Spanien zu weit. Nach wie vor ist Frankreichs Mittelmeerküste schnell mit Auto oder Zug zu erreichen, aber heute sieht die Côte alt aus. Reifere Jahrgänge bestimmen das Bild, zumal selbst der günstigste Campingplatz in Monaco oder Nizza ob der Preise mit goldenen Wasserhähnen ausgestattet zu sein scheint. Trotzdem herrscht an der Côte immer noch Hochbetrieb: Nizza im Hochsommer, da sollte man den Wagen stehen lassen und auf öffentliche Verkehrsmittel umsteigen oder die Minibahn benutzen, die alle

paar Minuten von der Promenade des Anglais zur Sightseeing-Tour aufbricht. Diese palmengesäumte Strandpromenade geht auf die englischen Kurgäste zurück, die hier schon im vergangenen Jahrhundert flanierten. Nizza gilt nach wie vor als mondänes Seebad mit typisch mediterranem Flair, doch wird kaum einer seinen Urlaub in der lärmenden Großstadt verbringen wollen, der darin nicht einen besonderen Reiz sieht. Das Gleiche gilt für Monaco. Wer dem Fürstentum böse will, der kommt schnell auf den ewigen Straßenlärm und das Dröhnen der Pressluthämmer zu sprechen, denn Land zum Bauen ist in Monaco rar und sündhaft teuer, und deshalb wächst die Stadt beharrlich in die Höhe. Monaco-Fans halten dem entgegen, dass es kaum einen anderen Ort auf dem Erdenrund geben dürfte, in dem sich so gesittet und gestylt unter Seinesgleichen leben lässt. Deshalb, und um nicht gleich als Durchreisender geoutet zu werden, sei geraten, sich ein bisschen sittsam zu kleiden und von knittrigen Shorts oder stoffarmen Muskel-T-Shirts abzusehen. In diesem Outfit könnte man selbst vor dem Casino schon Schwierigkeiten bekommen, ans Reinkommen gar nicht erst zu denken. Am Strand hingegen ist alles erlaubt, was Spaß macht und irgendwie auffällt; da gelten andere Gesetze.

Schmale, mit Platanen-
alleen bestandene
Dämme ziehen sich
durch das Sumpf- und
Seenland der Camargue
am Rhône-Delta.

Genauso im Sporthafen: Wer bis dato noch keine Ahnung hatte, wie viel Geld unter wenigen Menschen verteilt zu sein scheint, der sollte hier auf den Stegen wandeln. Tipp: Tun Sie doch einfach so, als würden Sie zielstrebig auf Ihr Boot zusteuern. So fallen Sie garantiert auf ...

Eldorado der Künstler. Nach so viel Prunk und Glamour tut Vence richtig gut. Das Städtchen liegt nur gut 20 Kilometer landeinwärts von Nizza entfernt, und die historische Altstadt gehört zu den schönsten Frankreichs. Viele Künstler ließen sich hier inspirieren, wie die Maler Marc Chagall (Chagall-Mosaik beim Taufstein in der Kathedrale) und Henri Matisse, der Mitte des 20. Jahrhunderts die nahe gelegene Chapelle du Rosaire kunstvoll gestaltete. Spürnasen werden sich vom Duft leiten lassen und problemlos über kleine Départemental-Straßen am Fuß der Seealpen nach Grasse finden. Hier, im milden Klima und von den Bergen geschützt, wachsen neben den berühmten Herbes de Provence auch die Ingredienzien für den Duft der großen weiten Welt: Blütenpflanzen wie Mimosen, Nelken, Rosen, Lavendel, Veilchen und Orangen, aus denen Dior, Chanel oder Rabanne die kostbaren Duftnoten mit dem gewissen Etwas zaubern. Natür-

lich muss man in einer der rund zwei Dutzend Parfümfabriken der Duftmetropole Station machen, sich durch diverse Duftwässerchen schnuppern und seinen eigenen, ganz persönlichen Duft mischen, den man für vergleichsweise wenig Geld mit nach Hause nehmen kann – eine schöne Erinnerung.

Flanieren in Cannes. Auf das so Gesparte lässt sich beim Stadtbummel durch Cannes prima zurückgreifen. Palmen und Blumen schmücken die Flaniermeile La Croisette, neue Hotelburgen und alte Hotelpaläste wechseln sich ab und machen deutlich, dass sich Cannes total dem Fremdenverkehr verschrieben hat. Den größten Auflauf erlebt die Stadt alljährlich im Monat Mai, wenn sich Stars und Sternchen beim Internationalen Filmfestival ein Stelldichein geben. Dann platzt Cannes vor Schaulustigen aus allen Nähten, und auch

»Der Himmel: das unermessliche Blütenblatt eines Veilchens. Und alles darunter, die Häuser, die Straßen, die Olivenbäume, die grünen Laubbäume, der Schmelz der Felder – alles wie ein Glosen vielfältiger Farben, gerade dabei, zu verlöschen, gerade dabei, wieder aufzuleben ...«
Francis Ponge, La Mounine, 1952

Pinien, geformt wie ein schützender Regenschirm, sind typisch für die Mittelmeerküste. **oben**
Wachablösung vor dem Fürstenschloss der Grimaldis in Monaco, die seit 1297 hier regieren. **Mitte**
Genau das richtige Fahrzeug für die kurvigen Küstenstraßen. **unten**
Fischfang und die heute unter Denkmalschutz stehenden Kalksteinbrüche waren lange Zeit die Einnahmequellen des hübschen Hafenorts Cassis. **rechts**

ITALIEN

SPANIEN

Millau · Alès · Nîmes · Montpellier · le Grau-du-Roi · Béziers · Sète · Narbonne · le Cap d'Agde · Perpignan

Orange · Avignon · les Baux · Arles · Aigues-Mortes · **C a m a r g u e**

Rhône · Mont Ventoux 1912 m · Bédouin · Carpentras · Fontaine-de-Vaucluse · Durance · Aix-en-Provence · Marseille · Toulon

Sisteron · Montagne de Lure 1827 m · Digne-les-Bains

Grasse · Vence · Draguignan · Cannes · St-Raphaël · St-Tropez · Nizza/Nice · Monte Carlo/MONACO

0   50 km
N

die ehrwürdige Spielbank macht gute Geschäfte mit all denen, die ihr Glück herausfordern, weil sie den lieblichen Verlockungen der Stadt nicht widerstehen konnten. Doch gerade in diesem Teil könnte man sich an den Naturschönheiten der Côte satt sehen, während der Fahrt auf der Nationalstraße 98 nach Saint-Raphaël beispielsweise. Mal felsig, mal mit einladenden Sandstränden präsentiert sich die Küste, und je weiter man sich Saint-Raphaël nähert, desto voller werden die Strände. Neben dem Tourismus ist der Fischfang die wichtigste Einnahmequelle, und wer frühmorgens im Hafen auf die heimkehrenden Fischer wartet, hat reiche Auswahl an frischer Meereskost. Schon die Römer siedelten hier und machten das nahe Fréjus zu einem wichtigen Stützpunkt ihrer Ausdehnung nach Westen, davon zeugen noch heute Teile eines 40 Kilometer langen Aquädukts und Reste der antiken Hafenanlage. Von hier aus lohnt sich ein

Olivenöl

Olivenöl ist das »Gold der Provence«, denn da, so meinen die renommiertesten Köche des Landes, wachsen die besten Oliven. Wer bisher dachte, grüne und schwarze Oliven seien unterschiedliche Sorten, der ist auf dem Holzweg. Die Erklärung ist einfach, denn die einen werden früh geerntet, im September, wenn sie noch unreif sind, während die anderen erst zwischen November und März gepflückt werden. Erst die Lake aus Kräutern und Gewürzen macht sie genießbar. Und um aus den kernigen Früchten leckeres Olivenöl zu gewinnen, ist ein recht aufwändiges Verfahren nötig. Nur das hochwertige, zäh und goldgelb fließende Öl des ersten Pressvorgangs darf sich jungfräuliches Huile d'olives nennen. Wer die anspruchslosen Olivenbäume besitzt, hat gut lachen, denn obwohl rund 2000 Tonnen Olivenöl alljährlich aus den Pressen in der Provence fließen, ist es viel zu wenig, um die Nachfrage zu decken.

Straßentheater in Avignon. oben

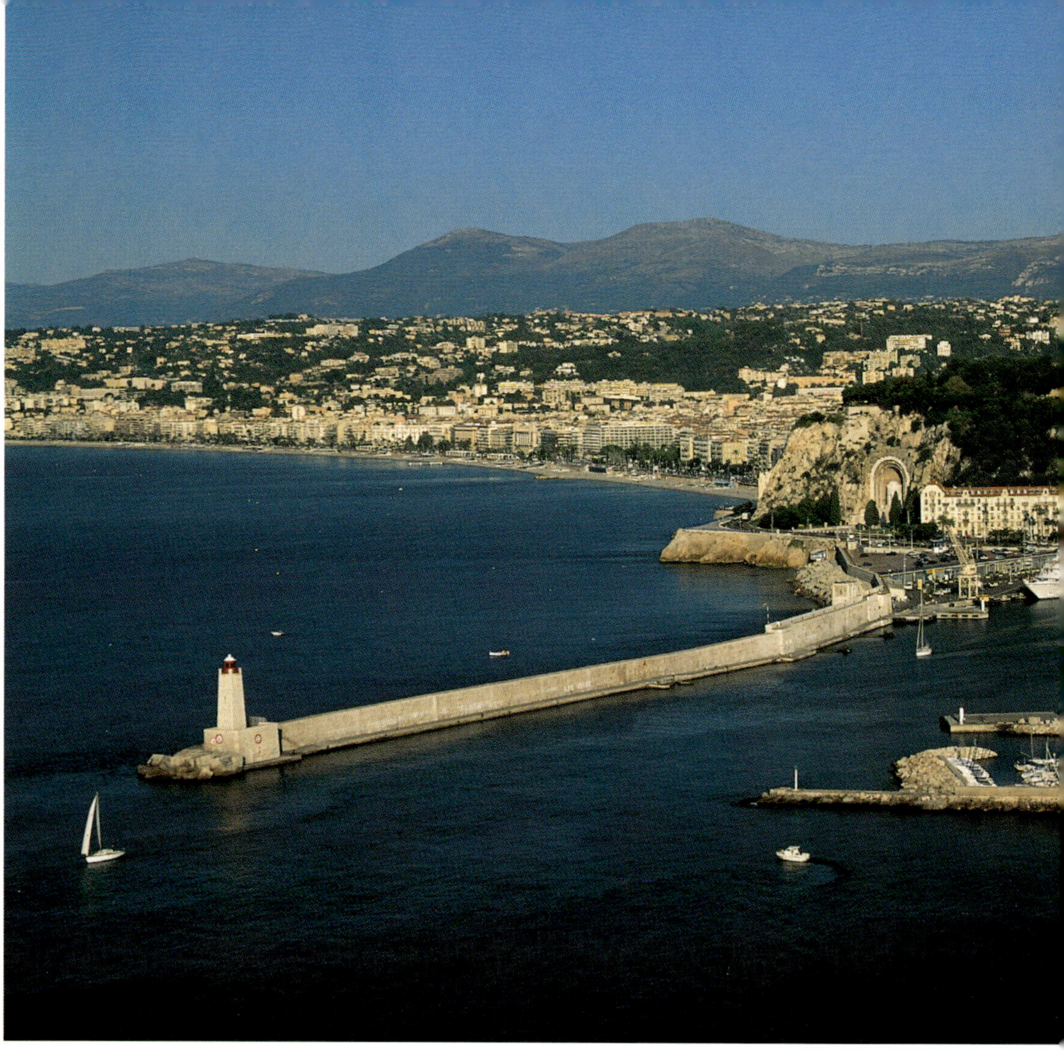

Highlights der Belle Epoque: Casino in Monte Carlo oben, Hotel Carlton an der Croisette in Cannes Mitte.
Duftende Parfümstadt Grasse. unten
Nizza – Wirtschaftszentrum und Badeort. großes Bild

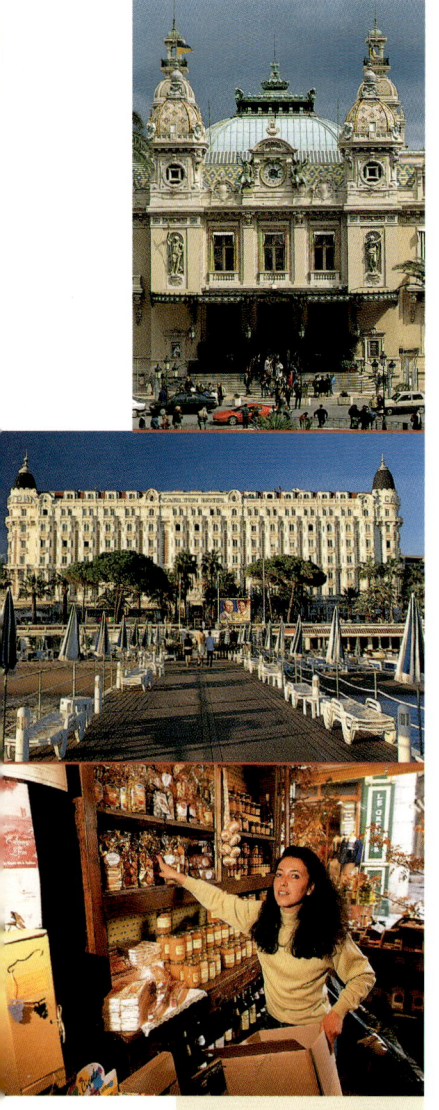

Abstecher in das Massif des Maures im Hinterland. Eine sehr eigenwillige Landschaft mit uralten Korkeichen, Kastanienbäumen und vereinzelten Weinfeldern, die ebenfalls bereits von den Römern angelegt wurden.

Legendäres Saint-Tropez. Auch ein gewisser Ort namens Saint-Tropez blickt auf römische Geschichte und einen Märtyrer zurück, der dem Ort seinen Namen gab. Heute scheint hier nur noch eines heilig zu sein: das große Geld. Dabei kamen die Künstler Anfang dieses Jahrhunderts mit guten Absichten in den sonnigen Süden: Maler wie etwa Pierre Bonnard oder die Schriftstellerin Colette liebten das verträumte Fischerdorf auf der Spitze einer Halbinsel. Dann traf sich die geballte Filmprominenz von Brigitte Bardot bis Jane Fonda in und um Saint-Tropez – mit dem Jetset im Schlepptau. Zwar verbindet man heute mit Saint-Tropez immer noch Attribute wie Luxus und Schönheit, aber der Ort hat seine magische Anziehungskraft für die (Neu-)Reichen dieser Welt verloren. Saint-Tropez geht also gediegeneren Zeiten entgegen, und jeder Tourist, der den sonnigen Ort besucht, sorgt für ein bisschen mehr Normalität.

Cézannes Stadt. Wer es nun eilig hat, die Côte zu verlassen, der sollte über die N98 fahren. Wer es gemütlicher angehen mag, dem seien die kleineren Départemental-Sträßchen empfohlen, die in Meeresnähe an Dörfern und Stränden vorbeiführen. Auf jeden Fall trifft man sich in Toulon, einer Stadt mit rund 200 000 Einwohnern, die touristisch wenig zu bieten hat. Schön ist allerdings eine Seilbahnfahrt auf den Mont Faron mit seinem phantastischen Rundblick über das Meer bis zu den Bergen der Provence. Er gibt einen ersten Vorgeschmack auf das nächste Etappenziel, in dem – glaubt man einer Umfrage –

die meisten Franzosen am liebsten leben würden: Aix-en-Provence. Schon Paul Cézanne war seiner Heimatstadt derart verfallen, dass es für ihn keinen schöneren Ort auf der Erde gab. Zu widersprechen fällt schwer angesichts der Leichtigkeit, die diese Stadt ausstrahlt. Ihren Anteil daran haben sicher die mehr als 30 000 Studenten, die vielen Märkte mit dem typisch südländischen Angebot, die unzähligen Gourmet-Restaurants und die Avenues mit ihren Parkbänken unter Schatten spendenden Platanen.

Schmelztiegel Marseille. Wenn in Aix-en-Provence der Geist des Südens zu Hause ist, dann schlägt in Marseille sein Herz. Frankreichs zweitgrößte Stadt ist auf jeden Fall die quirligste des Landes, eine typische multikulturelle Hafenstadt mit offensichtlichen Rassenkonflikten und der höchsten Kriminalitätsrate im Land (weswegen die Stadt unter Insidern nur kurz »Le Milieu«

heißt). Die Arbeitslosigkeit ist recht hoch, und wer eben noch an der Côte d'Azur den Alltag vergessen zu haben glaubte, der wird hier schnell vom prallen Leben eingeholt. Nach so viel Stadt, nach Hektik und Alltag, tut ein Ausflug in die Camargue richtig gut.

Flamingos, Pferde und Stiere. Bereits 1928 wurde die Camargue, dieses wasserumspülte Land im Rhône-Delta, zum Naturschutzgebiet erklärt, Flamingos haben hier ihre Brutstätten und scheinen sich mit den Herden der viel gepriesenen Camargue-Pferde angefreundet zu haben. Eine beschauliche Landschaft mit einer ebenso friedlichen Hauptstadt. Gallula Roma hieß Arles unter dem römischen Kaiser Augustus und war die bedeutendste Stadt an der von Rom nach Spanien führenden Via Aurelia. Über Jahrhunderte war die Stadt ein Handelsplatz für exotische Güter, wie sie heute noch jeden Samstag auf dem Markt auf dem Boulevard des Lices im Zentrum der Stadt angeboten werden. Der Markt ist der schönste und bunteste unter den Märkten der Provence, die ohnehin an Genüssen und Sinneseindrücken kaum zu übertreffen sind. Seit der Industrialisierung schwand der weit reichende Einfluss

Villefranche-sur-Mer liegt herrlich in einer Bucht mit natürlichem Hafen. oben

Tiefe Schlucht mit Wasserfällen – Gorges du Loup bei Grasse. Mitte

Längst nicht mehr das ausgeflippte Fischerdorf der Filmstars, denen es seinen Ruf verdankt: Saint-Tropez. unten

Spuren großer Zeit: Les Baux war im Mittelalter Sitz mächtiger Grafen Mitte, die Römer bauten in Arles das Amphitheater unten und die Griechen gründeten Massalia, das heutige Marseille oben.

Das Lied kennt in Frankreich jedes Kind, und folglich kennt auch jedes Kind die Stadt, deren Brücke darin besungen wird: »Sur le pont d'Avignon« ist nach wie vor der Renner in französischen Kindergärten. Ganz oben auf der Wunschliste der Besucher steht neben der Brücke, die im 12. Jahrhundert gebaut und bis auf vier Bögen Mitte des 17. Jahrhunderts zerstört wurde: der Papstpalast aus dem Mittelalter. Papst Clemens V. verlegte 1309 seinen Amtssitz von Rom nach Avignon, weil er sich hier sicherer fühlte als in der krisengeschüttelten Hauptstadt Italiens. Seine

der Stadt auf den Handel. Geblieben sind Bauwerke wie das hervorragend erhaltene römische Amphitheater: Etwa 12 000 Menschen fasst das Oval, in dem vor 2000 Jahren noch Gladiatoren im Kampf mit den Löwen den Kürzeren zogen. Heute sind es fast immer die Vierbeiner, die in der blutigen Auseinandersetzung einer Corrida das Nachsehen haben. Die Stierkämpfe verleihen der Stadt dieses ganz besondere Flair.

Durch die Provence. Die einen mögen es Lethargie nennen, die anderen sehen darin den unnachahmlichen Lebensstil des Südens – und werden darin bestätigt, je weiter sie sich von Arles in Richtung Norden entfernen. In den Alpilles trifft man auf einen merkwürdigen Ort: Les Baux. Die mächtigen Grafen von Baux, die vom 10. bis zum 13. Jahrhundert über die Provence herrschten, ließen im 11. Jahrhundert eine Zitadelle in den Fels meißeln und empfingen später an ihrem berühmtem »Liebeshof« Troubadours; als Richelieu 1632 die Burg zerstören ließ, wurde Les Baux zur Geisterstadt, die erst in den letzten Jahrzehnten teilweise wieder aufgebaut wurde. Heute machen Museen, Cafés und jede Menge Souvenirläden den Ort so lebendig wie florierend.

Nachfolger ließen den düsteren Palast erbauen. Auch wenn die meisten Gegenstände aus damaliger Zeit Plünderungen zum Opfer fielen, lohnt sich ein Besuch in dem monumentalen Prachtbau, der einem die Prunkliebe von Kirchenfürsten anschaulich vor Augen führt. Wer im Juli im Süden Frankreichs unterwegs ist, sollte die Stadt während des Theaterfestivals besuchen: Ganz Avignon scheint Tag und Nacht auf den Beinen, jede Place verwandelt sich in eine Bühne für ein buntes Treiben aus allerlei Musik, Tanz, Theater und Clownerie.

Am Mont Ventoux. Auf dem Weg zum Mont Ventoux, also auf der Reise mitten hinein in die schönste Provence, sollte man in Carpentras Station machen, um die Kathedrale oder die jüdische Synagoge zu besichtigen – und die »Berlingots« zu kosten. Ursprünglich waren es Pfefferminzbonbons, die es inzwischen in allen Geschmacksrichtungen und Größen gibt. Der gewaltigste »Berlingot«, der je angerührt wurde, brachte es auf stattliche 50 Kilogramm und der Stadt Carpentras einen Eintrag im Guiness-Buch der Rekorde. Den hätte auch der Fortsetzung Seite 156

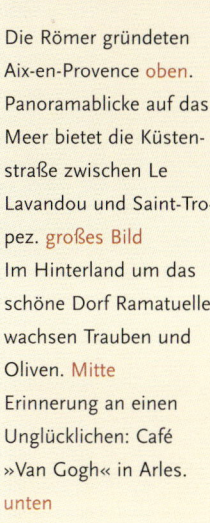

Die Römer gründeten Aix-en-Provence oben. Panoramablicke auf das Meer bietet die Küstenstraße zwischen Le Lavandou und Saint-Tropez. großes Bild Im Hinterland um das schöne Dorf Ramatuelle wachsen Trauben und Oliven. Mitte Erinnerung an einen Unglücklichen: Café »Van Gogh« in Arles. unten

Der Pont du Gard,
ein grandioses Bei-
spiel römischer Inge-
nieurskunst von voll-
endeter Schönheit,
ist über 2000 Jahre
alt.

Auf den Spuren der Römer:
Baumeister Europas

Trotz Asterix führt kein Weg an der Tatsache vorbei, dass ganz Südfrankreich wirklich von den Römern besetzt war. Arles, Nîmes, Aix-en-Provence sind die lebendigen Zeugnisse römischen Einflusses im Süden Frankreichs, während Marseille, Nizza und Antibes auf griechischen Ursprung zurückgehen. Es waren nämlich Griechen aus Phokäa, die im 6. Jahrhundert v. Chr. aus Massalia zunächst einen Handelsstützpunkt und später eine Provinz machten. Obwohl immer mehr griechische Enklaven entstanden, entdeckten die Bürger von Massalia, dem späteren Marseille, ihre Vorliebe für die Römer, weil sie sich von ihnen mehr Schutz vor den kriegerischen Kelten versprachen. Die Rechnung ging auf, die Völker aus dem Norden hatte man in die Flucht geschlagen. Dafür forderte Rom natürlich seinen Tribut: Der Südosten Frankreichs wurde zur römischen Provincia Romana erklärt, und nur wenige Jahre später, um das Jahr

120 v. Chr., unterwarf der römische Kaiser den gesamten Süden Frankreichs und machte ihn zur Provincia Gallia Narbonensis mit Arles als Hauptstadt. Entlang der Via Aurelia, der wichtigsten Handelsstraße zwischen Italien und Spanien, florierten die römischen Siedlungen Arles und Nîmes, Orange und Narbonne. Überall im Süden Frankreichs stößt man heute noch auf prächtige römische Bauten wie das bestens erhaltene Amphitheater von Arles.

Es entstand schon bald nach Gründung der römischen Kolonie um 100 v. Chr. und bietet 20 000 Menschen in 34 übereinander angelegten Reihen Platz.

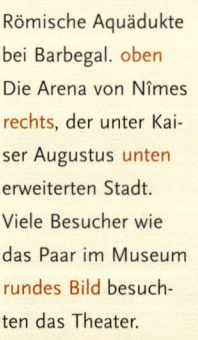

Römische Aquädukte bei Barbegal. oben Die Arena von Nîmes rechts, der unter Kaiser Augustus unten erweiterten Stadt. Viele Besucher wie das Paar im Museum rundes Bild besuchten das Theater.

Feste in Südfrankreich

Schon die Römer wussten zu feiern, und so wundert es nicht, dass der Sommerkalender der Südfranzosen randvoll mit Festen ist. Stierkämpfe spielen dabei eine wichtige Rolle, und nicht alle sind so martialisch wie die spanischen Originale. Manche sind unblutige, wenn auch gefährliche Spiele zwischen Mensch und Stier. Daneben gibt es viele weitere kulturelle Veranstaltungen, die oft in den altehrwürdigen Gemäuern der antiken Theater stattfinden.

In Arles wird die Stierkampfsaison mit einer Feria zu Ostern eröffnet, an Pfingsten finden Stierkämpfe in Nîmes statt.

Der Mai ist der Monat der Internationalen Filmfestspiele in Cannes und des Rosenfestes in Grasse.

Aix-en-Provence veranstaltet Internationale Musikfestspiele im Juli, Avignon hält dann sein renommiertes Internationales Theaterfestival ab. Fischerfeste werden im Juni und Juli in Nizza und in Saint-Tropez gefeiert.

Im Amphitheater von Orange finden im Juli und im August Konzerte und Theateraufführungen statt.

Heute werden in der Arena Stierkämpfe abgehalten, die allerdings weniger blutig verlaufen als jene in Spanien. Ebenso prachtvoll, nur etwas kleiner, ist das Amphitheater von Nîmes. Dafür war es so konstruiert, dass es geflutet werden konnte, wenn Wasserspiele auf dem Programm standen. Wer sich umfassend über die Römer informieren möchte, sollte das Museum in der Maison Carrée besuchen: In dem römischen Podiumstempel aus dem 1. Jahrhundert v. Chr. ist das Museum der Antike untergebracht. Auf dem Weg zu den römischen Sehenswürdigkeiten in Orange muss man unbedingt am Pont du Gard Halt machen. Dieser um 19 v. Chr. gebaute dreistöckige Aquä-

dukt gehört zu den herausragenden Bauwerken aus römischen Tagen, etwa 49 Meter hoch und auf einer Länge von 275 Metern überquert er das Tal des Gard und liefert heute wie damals Wasser von Uzès nach Nîmes. Die Straße, die den Pont du Gard im ersten Stockwerk überquert, wurde Anfang des 18. Jahrhunderts angelegt. In Orange kommen Liebhaber römischer Kultur und Architektur vollends auf ihre Kosten: Im antiken Theater mit seiner hervorragenden Akustik werden noch heute Aufführungen gegeben, und der antike Triumphbogen auf der Straße nach Lyon, 49 v. Chr. errichtet, ist einer der schönsten seiner Art in Frankreich. Ganze Straßenzüge samt Häusern mit Mosaiken und Säulen wurden in Vaison-la Romaine, knapp 30 Kilometer von Orange entfernt, freigelegt. Wer hier lebte, gehörte zur Oberschicht, denn das ehemalige gallo-römische Vasio galt als exklusiver Wohnort.

Das Theater von Orange. oben

An der Via Domitia in Narbonne. unten

Die Zuschauer mussten natürlich auch verpflegt werden: der Kryptoportikus, riesige unterirdische Lagerhallen in Arles linke Seite Mitte.

Lubéron verdient, die Bilderbuch-Provence, jenes liebliche Gebirge mit dem fast 2000 Meter hohen Mont Ventoux im Mittelpunkt.

Ganz gleich, wo man absteigt, ob in dem kleinen Winzerdorf Bédoin, in dem neben Wein auch ein vorzüglicher Honig hergestellt wird, oder im malerischen Städtchen Vénasque, von wo sich ein grandioser Blick auf den Berg eröffnet – überall duftet es nach Lavendel, überall lässt sich prächtig schlemmen, überall finden sich gemütliche Herbergen mit liebenswerten Menschen. Dabei darf natürlich ein Besuch des antiken Arausio nicht fehlen: Das gut erhaltene römische Theater und der prächtige Arc de Triomphe von Orange lassen erahnen, dass es der Stadt in den Gründungstagen nicht schlecht ergangen sein

kann. Tatsächlich war Orange zur Römerzeit die reichste Siedlung der Provinz Gallia Narbonensis, und ein Sommerkonzert im Théâtre Antique mitzuerleben, bedeutet kulturellen Hochgenuss.

Auf Römerspuren. Kulturhistorisch ist eine Reise durch den Midi an Eindrücken kaum zu übertreffen, und so sollte man natürlich auf der Fahrt nach Nîmes einen kleinen Umweg zum Pont du Gard machen. In drei Stockwerken überquert das besterhaltene römische Aquädukt den Gard. Es war Teil einer 50 Kilometer langen künstlichen Wasserleitung, die die Römer um 19 v. Chr. bauten, um Trinkwasser aus der Eure-Quelle nach Nîmes fließen zu lassen. Die Stadt selbst bezaubert durch ihre Gegensätze: einerseits die gut erhaltenen

15 Türmen und 10 Toren. Das nahe gelegene Le Grau-du-Roi ist dann genau der richtige Badeort für eine Abkühlung im Mittelmeer, bevor man zum Sightseeing nach Montpellier aufbricht.

Eigenwillig: das Languedoc. Der Wein brachte das Languedoc in aller Munde. Geographisch beginnt die Region Languedoc-Roussillon in Montpellier und endet an der französisch-spanischen Grenze; die 200 000 Einwohner zählende lebendige Stadt ist ihr Verwaltungssitz. Wer nach soviel Historie und Architektur noch kulturell aufnahmefähig ist, der sollte dem Musée Fabre einen Besuch abstatten, das eine ausgezeichnete Bilder- und Skulpturensammlung, unter anderem drei Rubens-Gemälde, beherbergt. Wer hingegen die körperliche Entspannung sucht, der wird gleich auf der D108 den Weg nach Sète am Golfe du Lion antreten. Die Stadt bezaubert durch die reizende Lage zwischen dem Bassin de Thau und dem Mittelmeer. Die Strände sind endlos lang, hier sollte jeder sein Plätzchen finden, und nach einem anstrengenden Tag des süßen Nichtstuns am Meer bietet Sète reichlich kulinarische Genüsse. Die Stadt ist berühmt für ihre ausgezeichneten Austern

Das Weinschloss Uchaux bei Orange. oben
Kalkgestein bedeckt den Gipfel des Mont Ventoux. Mitte
Inmitten eines Mandelhains liegt die romanische Kapelle Saint-Sixte in Eygalières. unten

Zeugnisse römischer Kultur, wie das große Amphitheater und der Podiumstempel Maison Carrée, andererseits beeindruckende Bauwerke der Moderne, wie das 1993 eröffnete Kunsthaus Carré d'Art, entworfen vom Stararchitekten Norman Foster. Ob so viel historischer Stätten läuft man Gefahr, die Schönheit der Natur aus den Augen zu verlieren. Deshalb sei geraten, statt auf dem direkten Weg über die kleinen Départementals 42 und 58 nach Aigues-Mortes zu fahren. Durchatmen im Herzen der Camargue, eine Flasche Rotwein, Baguette und Käse – schon kann das »Pique-Nique« beginnen (wobei die Mücken lästig werden können). Dafür entschädigt die Stadt der »toten Wasser«: der mittelalterliche Kreuzfahrerhafen Aigues-Mortes mit seiner 1,5 Kilometer langen Stadtmauer und ihren

Narbonne sollte man die Autoroute links liegen lassen und die N113 beziehungsweise 9 nehmen.

Wein und Früchte. Die Straße führt durch Weinberge und Aprikosenplantagen an den Corbières entlang und eröffnet ab und zu einen unverhofften Blick aufs Meer. Narbonne war die erste römische Kolonie in Gallien und so lange eine bedeutende Handelsstadt, wie sie über den Fluss Aude Zugang zum Meer hatte. Der änderte jedoch mit der Zeit seinen Lauf, und so musste Narbonne um die wirtschaftliche Prosperität kämpfen. Heute beherrschen

und Muscheln, am stilvollsten sind sie im Fischerhafen zu genießen.

Die Küste des Languedoc schlief lange einen gerechten Schlaf und wurde erst in den vergangenen drei Jahrzehnten von den Tourismusplanern zum Leben erweckt. Das auffälligste Zeichen für den boomenden Fremdenverkehr sind die Apartmentssiedlungen entlang der gesamten Küste, meist Eigentumswohnungen, die von Franzosen als Geldanlage verstanden werden. Agde war bis in die sechziger Jahre des 20. Jahrhunderts hinein ein verschlafenes Fischerdorf und begann mit der Feriensiedlung Cap d'Agde sozusagen ein neues Leben. Im Sommer, vor allem in den französischen Ferienmonaten Juli und August, tobt hier das Leben.

Sommer, Sonne, Strand, Disco – ein Urlaubsparadies für Junge. Die Touristen sind in der Sommersonne unter sich, denn die Menschen aus Béziers haben ihren ehemaligen Hausstrand abgetreten. Und das gar nicht widerwillig, schließlich bringen die Gäste auch Geld in den Stadtsäckel. Béziers ist neben Sète vor allem bekannt als östlicher Ausgangspunkt für eine Hausboot-Tour auf dem Canal du Midi, der das Mittelmeer mit der Biscaya verbindet. Auf der Fahrt durch das Roussillon nach

Nach nordfranzösischem Vorbild: die Kathedrale Saint-Just in Narbonne. *oben*
Brücke und Kathedrale der Katharerstadt Béziers. *Mitte*
Spektakel für das ganze Land: die Pfingstferia in Nîmes. *großes Bild und unten*

der Weinbau und seine Vermarktung das Bild – im übertragenen Sinn –, denn in Realität thront die gotische Kathedrale Saint-Just über der Stadt. Der Spaziergang durch die Stadt könnte gut und gerne in einem der zahlreichen Weinläden enden, wo die durchschnittlichen Languedoc-Weine genauso wie ausgezeichnete Corbiè-res-Tropfen zur Verkostung angeboten werden. Wer es authentischer mag, der besucht einen der Winzer in den Corbières und fährt dann über die »Littoral«, die Départemental 627, in Richtung Perpignan. Sie führt ab Leucate spektakulär am Meer entlang.

Badefreuden en masse. Erst waren es nur ein paar Waghalsige, aber bald wurde der Etang de Leucate zu einem wahren Surfer-Mekka. Der Tramontane bläst beständig aus Nordwesten und bietet ideale Windbedingungen in dem flachen Binnengewässer. Port Leucate, Le Barcarès, Canet-Plage – Ortsnamen, die vor zwanzig Jahren niemand kannte. Heute sind diese Strandbäder so besucht wie ihre Pendants an der Côte d'Azur. Und das ist gut so, denn wirtschaftlich hinkt das französische Katalonien dem restlichen Frankreich nicht mehr hinterher, seit die Touristen in Scharen in seine Bettenburgen strömen.

Höhepunkt beim Fest der Zigeuner in Saintes-Maries-de-la-Mer ist die Prozession ins Meer. oben
Einer der schönsten römischen Tempel: Maison Carré in Nîmes. Mitte
In Sumpfland ließ Louis IX. den Hafen Aigues-Mortes für seinen Kreuzzug ins Heilige Land bauen. unten

Planen und erleben ...

DIE HIGHLIGHTS

Monte Carlo

Natürlich war es ein Blaublüter, der Monaco und dem Seebad Monte Carlo zu Ruhm und Geld verhalf. Mitte des 19. Jahrhunderts gründete Fürst Charles aus der Grimaldi-Dynastie auf einem Hügel in Monaco das Spielcasino und gab ihm gleich seinen Namen, Monte Carlo. So half er der darbenden Wirtschaft des Fürstentums ein wenig auf die Beine. Seither rollt der Rubel mit stetig wachsenden Umsätzen und die Kugel mit viel Einsatz und wechselndem Erfolg. Wer das Casino besuchen möchte, muss vornehm gekleidet sein und Eintritt bezahlen. In die Salle Américaine mit Spielautomaten und Black-Jack-Tischen kommt man allerdings gratis.

Grand Canyon du Verdon

Für einen Besuch der längsten und tiefsten Schlucht Europas muss man nicht unbedingt Kletterzeug im Gepäck haben oder ein Kanu auf dem Dach, um auf dem manchmal wilden Verdon zu paddeln, auch eine Autofahrt durch die bizarren Felsen der Gorges du Verdon ist ein beeindruckendes Erlebnis.

Marseille

Marseille ist die Hafenstadt par excellence mit dem zweitgrößten Hafen Europas (nach Rotterdam). Die Kathedrale aus dem 12. Jahrhundert, die antiken Kanalisations- und Hafenanlagen und das Wohnhochhaus des Architekten Le Corbusier sind die markantesten Sehenswürdigkeiten der Stadt. Das beste Einkaufsviertel liegt an der Rue de Rome, unweit vom alten Fischereihafen, wo in den Cafés Fischer, Fernfahrer und Faulenzer ihren eiskalten Pastis schlürfen.

Nizza

Nicht nur der Name klingt italienisch, auch in manchen Winkeln der Altstadt könnte man glauben, in ein italienisches Dorf geraten zu sein. Und Nizza ist tatsächlich erst 1860 endgültig zu Frankreich gekommen. Die einzige Großstadt der Côte d'Azur mit etwa 400 000 Einwohnern hat aber noch andere Gesichter: Seit dem 18. Jahrhundert war Nizza eine erste Adresse für die Reichen und Vornehmen, die hier in mildem Klima ihre Winter verbrachten, Villen errichteten und über die Promenade des Anglais flanierten, die um 1830 von der englischen Kolonie gestiftet worden war. Fremdartig in der üppigen Vegetation wirkt die orthodoxe Kirche Saint-Nicolas – sie erinnert an einen Zarensohn, der in Nizza verstarb. Und auch viele Künstler zog es in den Umkreis der Stadt mit dem südlichen Licht, die dadurch nur profitiert hat: Henri Matisse, der viele Jahre in Nizza verbrachte, und Marc Chagall, der in Saint-Paul-de-Vence lebte, sind bedeutende Museen gewidmet. Auch einige der luxuriösen Villen beherbergen Kunstsammlungen, etwa das Palais Masséna oder das Palais Lascaris. Das Musée des Beaux-Arts ist so sehenswert wie sein »Gehäuse«, die Belle-Epoque-Villa der russischen Prinzessin Kotschubey.

Camargue

Ein Stück wilder Natur mitten in Europa – insgesamt 85 000 Hektar groß ist der Parc Régional de Camargue am Mündungsdelta der Rhône, darin

Die größte Bankenkonzentration weltweit findet sich im Steuerparadies Monaco. oben
Eine Stadt, in der es sich zufrieden leben lässt: Aix-en-Provence. Mitte
Camargue – ein Refugium für rosa Flamingos und gefährdete Vogelarten. unten

Ein wahres Festmahl

Südfranzosen verstehen zu feiern – und dementsprechend gut zu essen. Während an den Küsten Meeresfrüchte und Fisch im Vordergrund stehen, wie sie die berühmte Bouillabaisse aus Marseille vereint, liebt der Provençale Bodenständiges wie Cassoulet, ein deftiger Eintopf aus weißen Bohnen und Fleisch. Ein Festmahl der ganz besonderen Art ist die Cargolade, die auch von einigen typischen Restaurants im Roussillon angeboten wird. Unter einer stilechten katalanischen Cargolade versteht man auf dem Grill zubereitete Leckereien, vor allem aber Wurst und Schnecken. Während im Burgund die Schnecken meist in Knoblauchbutter aus dem Ofen kommen, werden die katalanischen Schnecken mit einem Sud aus Wein, Zitrone und Gewürzen gefüllt und auf dem Grill gegart. Dazu gibt es natürlich reichlich Aioli, eine Paste aus Öl und Knoblauch, und einen trockenen Weißwein – eine Partie Boule hinterher wirkt bei der Verdauung sehr förderlich ...

Entfernungen

km		
	Monaco	893
	28 km	
28	**Nizza**	865
	41 km	
69	**Grasse**	824
	28 km	
97	**Cannes**	796
	79 km	
176	**Saint-Tropez**	717
	165 km	
341	**Aix-en-Provence**	552
	28 km	
369	**Marseille**	524
	98 km	
467	**Arles**	426
	38 km	
505	**Avignon**	388
	110 km	
615	**Orange**	278
	60 km	
675	**Nîmes**	218
	57 km	
732	**Montpellier**	161
	161 km	
893	**Perpignan**	km

eingeschlossen 13 000 Hektar unzugängliches Naturreservat. Schon im Mittelalter wurde die Camargue landwirtschaftlich genutzt, und auch heute noch werden Reis und Wein angebaut. Einige der Kampfstiere, die in den Arenen von Arles und Nîmes den Ring betreten, kommen aus der Camargue. Und das berühmte typische Camarguepferd, ein kaum 1,50 Meter großer Schimmel, gilt unter Liebhabern als ausgezeichnetes, ausdauerndes Reitpferd.

Corbières

Wer sich die Corbières als ein fruchtbares Hügelland vorstellt, der wird von diesem kahlen und scheinbar ausgetrockneten Kalksandsteingebirge auf den ersten Blick vermutlich enttäuscht sein. Aber seine wahren Schätze liegen im Verborgenen, sowohl in einigen Burgruinen der Katharer wie Peyrepertuse und Quéribus, als auch in vorzüglichen Weinen wie dem Fitou, der aus Grenache- und Carignantrauben gekeltert wird.

TIPPS FÜR UNTERWEGS

Schon Papst Clemens V. pries im 14. Jahrhundert, als die Kirchenfürsten in Avignon residierten, die besondere Güte der Weine aus der päpstlichen Sommerresidenz Châteauneuf-du-Pape. Von der Burg ist zwar kaum etwas übrig, aber bei einem Gang durch die verwinkelte Altstadt wird man sich der Aufforderung »Dégustation« auf den Schildern nicht entziehen und den einen oder anderen Schluck des berühmten Tropfens verkosten.
Viele Kapellen in den Tälern Roya und Tinée im Hinterland von Nizza sind mit prachtvollen, erstaunlich frisch wirkenden Wandmalereien geschmückt. Sie wurden zwischen dem 14. und 16. Jahrhundert in Auftrag gegeben, um Gläubigen, die nicht lesen konnten, die Heilige Schrift näher zu bringen.
Auf der Halbinsel Cap Ferrat können es sich nur Millionäre leisten, sich niederzulassen. Das war auch schon im Jahr 1912 so, als die Baronin

Ephrussi de Rothschild ihre rosenfarbene venezianische Villa errichten ließ. Zum Glück vermachte sie das Anwesen dem Staat, und deshalb genießt heute jeder, der sich einer Führung durch die unverändert erhalten gebliebenen, kostbar möblierten Räume mit ihren Kunstschätzen anschließt, einen herrlichen Blick über den französischen Park und das Meer.

Souvenirs

Aus Aix-en-Provence kommen die berühmten »Calissons d'Aix«, leckere Mandelplätzchen. In dem Städtchen Moustiers-Sainte-Marie in der Verdon-Schlucht entstehen seit Generationen die berühmten Fayencen: handgemalte Ornamente und Figuren auf Tellern und Vasen. Bei einem Ausflug in die Alpilles sollte man sich nach Olivenöl umsehen. Die Olivenöle aus der Region rund um Les Baux gelten unter Feinschmeckern als die besten Frankreichs, man kann also getrost eine Flasche mit nach Hause nehmen.

Berühmt für ihre Kampfstiere und die zähen kleinen Pferde – die Camargue. oben
Narbonne – Place de l'Hôtel de Ville mit dem römischen Pflaster. links oben

Eine Idylle in der Normandie – in Vernonnet an der Seine wurden Reste der alten Brücke zu einem gemütlichen Ferienhäuschen umgebaut.

Register

Lyon ist nach Paris und Marseille Frankreichs drittgrößte Stadt und hat neben einigem Sehenswerten auch viel Lebendigkeit zu bieten.

Impressum

Unser Gesamtverzeichnis finden Sie unter:
www.bruckmann.de

Lektorat: Margit Brand, Bettina Jung
Layout: graphitecture book, Rosenheim
Konzeption: Axel Schenck, Bruckmühl
Repro: Artilitho, Trento
Umschlaggestaltung: H3A GmbH, München
Kartografie: Annette Hermes, Göttingen
Herstellung: Bettina Schippel
Printed in India by Ajanta Offset.

Alle Angaben dieses Werkes wurden vom Autor sorgfältig recherchiert und auf den aktuellen Stand gebracht sowie vom Verlag geprüft. Für die Richtigkeit der Angaben kann jedoch keine Haftung übernommen werden. Für Hinweise und Anregungen sind wir jederzeit dankbar. Bitte richten Sie diese an:

Bruckmann Verlag
Produktmanagement
Innsbrucker Ring 15
Postfach 80 02 40
D-81673 München
E-Mail: lektorat@bruckmann.de

Bildnachweis
Ernst Wrba: Routen 1, 4, 7
Martin Thomas: Routen 3, 5, 6

Archiv für Kunst und Geschichte, Berlin: 13 ro, 53 ro, 118 ru
Bildarchiv Preußischer Kulturbesitz, Berlin: 13 rm, 13 ru, 17 l, 53 ru, 71 ro, 118 lu
Bilderberg, Hamburg: 16 lo
C. J. Bucher Verlag, München: 45 lu, 52 ro, 78, 118 lo, 119 o, 119 ru
Das Fotoarchiv, Essen: 20 r
dpa, München: 14 lu
Freie Film Kritik, Köln: 17 mo
Ifa-Bilderteam, Taufkirchen bei München: 84 u
Iris Kürschner, Grenzach: 166 o
laif, Köln: 15 ro (Neumann), 15 rm (Neumann), 16 r (Krinitz), 52 lo (Krinitz), 52 lm (Ebert), 52-53 (Ebert), 85 ru (Linke), 88 lm, 91 o (Linke), 164 m (Huber)
Axel M. Mosler, Dortmund: 84 ro, 85 rm
Photothèque Renault, Boulogne Cedex: 19 ro
Roger-Viollet, Paris: 13 lu, 17 ro, 19 l, 19 rm
Dirk Schröder, Rosenheim: 84 lo
Sémitour Périgord/Jean Grelet, Perigueux: 118 lm, 118 ro, 119 lu
Süddeutscher Verlag – Bilderdienst, München: 14 lm, 17 ru
Martin Thomas, Aachen: 1, 2-3, 4-5, 10-11, 12 l, 12 r, 14 lo, 15 ru, 15 l, 16 lm, 16 lu, 18 (alle), 20 lo, 20 lm, 21 l, 21 rm, 21 ru, 28 lu, 38 lo, 39 ru, 42-43, 44, 45, 46 lo, 46 lm, 48 lu, 48 ru, 50-51, 54 (alle), 55 (alle), 56 o, 56 m, 84 lu, 85 l, 128, 130 lo, 130 lm, 130 lu, 132 lo, 132 lu, 132-133, 133 ru, 142-143, 144, 145, 146 lm, 146 lu, 146 r, 148 (alle), 149 (alle), 150 (alle), 151 ro, 151 rm, 154 lo, 154 ru, 154 ro, 155 o, 156 lu, 157 ro, 157 ru, 158 lm, 158 lu, 158-159, 159 ro, 159 ru, 160 o, 160 m, 161 u, 162-163, 164 o, 164 u, 165 (alle), 166 m, 166 u, 167, 168 m, 168 u
Ernst Wrba, Sulzbach: 14 r, 19 ru, 20 lu, 21 ro, 22 (alle), 23 (alle), 46 r, 47 l, 47 r, 48 lo, 48-49, 49 (alle), 52 lu, 56 u, 57 (alle), 146 lo, 147, 151 ru, 152-153, 154 lm, 154 lu, 155 u, 156 lo, 156 lm, 156-157, 157 rm, 158 lo, 159 rm, 160 u, 161 o, 168 o
(l = links, m = Mitte, r = rechts, o = oben, u = unten)

Textnachweis
Alle Texte stammen von Hans Günther Meurer.

Die Deutsche Bibliothek – CIP-Einheitsaufnahme
Ein Titeldatensatz für diese Publikation ist bei der Deutschen Bibliothek erhältlich.